Manuel du Commerçant

1848

MANUEL

DU

COMMERÇANT D'EAU-DE-VIE

ET

DE TOUS LES INDUSTRIELS

QUI FONT EMPLOI

d'Esprits, de Sels, de Sucre, d'Acides, d'Alcalis et autres substances liquides dont la rectification et la concentration se reconnaissent

AU MOYEN DES

HYDROMÈTRES MÉTRIQUES ET VÉRIFIABLES;

PAR LANIER,

INGÉNIEUR HYDRAULICIEN, AUTEUR DE L'HYDROMÉTRIE UNIVERSELLE, MEMBRE-FONDATEUR DE LA SOCIÉTÉ DES INVENTEURS, CONSTITUÉE A PARIS, ET AUTORISÉE PAR LE GOUVERNEMENT.

PRIX : 1 FR. 75 CENT. BROCHÉ, ET 2 FR. CARTONNÉ.

PARIS,

CHEZ M. LANIER-NEVEU, RUE DU HAUT-MOULIN, 8,

Entrée de la Cité.

—

1845.

NANTES. — IMP. D'HÉRAULT.

AVANT-PROPOS.

Dans la méthode hydrométrique dont je suis auteur et que je publie, je n'ai pas prétendu parler aux savants, ayant pour principal but de me rendre intelligible et à la portée des hommes les moins instruits. Je me suis attaché, dans ce petit ouvrage, à faire connaître aux commerçants les moyens les plus évidents pour apprécier la quantité d'alcool absolu que contient une eau-de-vie quelconque, afin qu'ils sachent, par le moyen le plus simple et le plus prompt, les droits qu'ils ont à payer, d'après le tarif fixé par la loi, guidés par l'hydromètre métrique et vérifiable qui exprime avec clarté et exactitude les pesanteurs spécifiques par millièmes de densité, résultats qu'on ne peut obtenir par aucun des instruments connus et usités jusqu'à présent; car, n'étant ni métriques ni vérifiables, ils ne peuvent que prêter à l'incertitude, à l'arbitraire et même à la mauvaise foi, comme il le sera démontré dans le courant de ce traité. En instruisant les négociants, les marchands détaillants, les consommateurs d'eau-de-vie, les employés dans les administrations des douanes, des droits-réunis et des octrois, j'ai voulu que les cultivateurs vinicoles, les distillateurs, les parfumeurs, les teinturiers, les fabricants d'acides de sel, de savon, etc., pussent également se pénétrer des principes de l'hydrométrie, dont la connaissance est très-utile dans les opérations où il est nécessaire d'apprécier les degrés de concentration des acides, des lessives, des sirops, etc.

L'hydrométrie s'étend sur tous les liquides plus pesants que l'eau comme sur ceux qui sont plus légers. L'hydromètre est une balance, comme on vient de le voir, qui peut faire connaître les valeurs intrinsèques de tous les liquides en général. Par l'hydromètre, on connaît que l'éther, le plus léger des liquides, est à 720 de pesanteur spécifique, lorsque son même volume d'eau est à 1,000; que l'alcool absolu est à 792, l'eau a égal volume étant à 1,000. Ainsi qu'il en est de toutes les eaux-de-vie dont les proportions d'eau et d'alcool pur déterminent les différences de pesanteurs spécifiques qu'elles acquièrent par les différentes proportions qui les constituent. D'après ce qui précède, on concevra facilement que la pesanteur spécifique d'une substance solide ou liquide se reconnaît par le rapport de son poids et de son volume avec un pareil volume d'eau, qui est l'unité reconnue des pesanteurs spécifiques, prise à 1,000 à la température de dix degrés de Réaumur tempéré légal dans le commerce des eaux-de-vie. Quelques exemples suffiront pour l'entière intelligence de ceux qui seraient peu initiés dans la partie scientifique du système hydrométrique.

Si l'hydromètre spécial pour les eaux-de-vie s'enfonce dans la liqueur jusqu'au nombre 845 de l'échelle, le litre de cette même eau-de-vie mis dans la balance devra peser 845 grammes, l'hydromètre étant exact, lorsque le litre d'eau pèsera 1000 grammes, 845 est la pesanteur spécifique du 3/6 du commerce, ou le 33e degré de Cartier. Si dans une autre eau-de-vie il ne s'enfonce que jusqu'au nombre 927 de l'échelle, un litre de cette eau-de-vie pèsera à la balance 927 grammes, pesanteur correspondante au 20e degré de Cartier, qui est de trois millièmes au-dessus du mélange moitié alcool pur et moitié eau, qui donne 930 de pesanteur spécifique. Avec des données aussi simples, quel est l'homme qui ne sera pas à même de vérifier l'hydromètre sans modèle ni étalon ?

Depuis vingt-deux siècles que le célèbre géomètre Archimède a découvert que toutes les substances de la nature avaient une pesanteur spéciale qui leur était propre, aucun instrument pratique et facile propre à exprimer les pesanteurs spécifiques par millièmes de densité n'a paru avant mon hydromètre métrique qui exprime ces pesanteurs spécifiques sans exiger aucun calcul.

Le commerçant avec l'hydromètre jouira des mêmes garanties que celles que lui donnent tous les autres poids et mesures, et qui étant métrique et véritable comme eux, prend naturellement sa place après le mètre, le kilogramme et le litre, d'où il dérive. Le mètre étant la dix millionnième partie d'un arc du méridien terrestre, est un type qui ne peut finir qu'avec le globe terrestre, le système métrique doit suivre cette destinée et durer jusqu'à la fin des siècles. L'hydromètre basé sur le mètre doit être éternel comme lui.

HYDROMÉTRIE.

Omnia in pondere et mensurâ.

L'HYDROMÉTRIE, cette partie de la science physique est celle qui conduit à l'appréciation des valeurs intrinsèques de toutes les substances de la nature, soit solides, soit liquides, au moyen d'instruments propres à exprimer leurs pesanteurs spécifiques. Cette méthode peut être soumise au jugement des savants, mais l'auteur ne l'a écrite que pour cette classe de la société intéressée à la connaître, pour qu'elle ait un guide immanquable, soit dans les opérations commerciales des eaux-de-vie, soit dans les opérations manufacturières où on est obligé d'employer des acides, des alcalis, des sels dont la concentration dans leurs dissolutions doit être modifiée suivant le plus ou le moins d'énergie qu'ils doivent exercer. Il y a une infinité d'arts où la connaissance des pesanteurs spécifiques est indispensable ; connaissance qu'on ne peut obtenir qu'au moyen de l'hydromètre métrique, qui se divise en hydromètres spéciaux pour les différents liquides plus légers ou plus pesants que l'eau : la balance hydrométrique au moyen du vase de cristal qui a la contenance déterminée de cinquante grammes d'eau distillée à dix degrés de Réaumur, dont je donnerai la description plus loin, est seule propre à apprécier les pesanteurs spécifiques de tous les liquides comme de tous les solides, sans calcul autre que de compter les grammes dont chacun exprime vingt millièmes de densité comme le demi-décigramme (5 centigrammes) exprime un millième. Au moyen de cette méthode, les commerçants ainsi que les manufacturiers, pharmaciens, raffineurs, teinturiers, taneurs, distillateurs, parfumeurs, etc., etc., pourront se procurer ces instruments à un prix modique. Si pour toutes les opérations du commerçant et du manufacturier, je limite dans ce traité les évaluations à un millième de densité, c'est parce que je l'ai cru plus que suffisant, et comme le dit l'immortel *Lavoisier,* dans son savant traité de chymie, on doit s'abstenir de chercher l'absolu dans les appréciations, et l'on doit se contenter des valeurs relatives : les cent millionièmes peuvent être appréciés par les savants en traitant les hautes sciences, mais ils sont inutiles dans les besoins journaliers de l'homme. C'est ainsi qu'à l'article thermomètre, j'indique le mode le plus simple et le plus commode et sans caclul de régler instantanément les différences de densités qu'occasionnent les différentes températures des eaux-de-vie, mode cependant qui n'est pas à l'abri de présenter quelquefois un cinq dix millième d'erreur par le défaut de cylindricité des tubes dont il serait insignifiant de vouloir tenir compte. D'ailleurs, si on peut faire des thermomètres comparatifs, il est presqu'impossible d'en faire qui soient exacts. Contentons-nous donc, comme le dit *Lavoisier,* du mieux possible, l'absolue perfection ne peut sortir de la main de l'homme, cette attribution n'appartient qu'à Dieu seul, il n'a pas voulu que notre intelligence nous conduisît à la perfection absolue, prévoyant que, par l'orgueil de nous croire divins, nous pourrions tomber dans l'erreur des anges rebelles, qu'il s'est vu obligé de chasser du ciel.

DÉFINITION DE L'HYDROMÈTRE.

Le nom d'Hydromètre est composé des mots grecs *hydro* (eau) *mètron* (mesure). L'eau étant l'unité des pesanteurs spécifiques adoptée par tous les savants de l'Europe, à une température déterminée et de convention, je ne pouvais choisir une dénomination plus analogue et plus appropriée à un instrument destiné à apprécier les pesanteurs des innombrables substances de la nature qu'on ne peut reconnaître qu'en cherchant le rapport de leur poids et de leur volume avec le poids d'un même volume d'eau. C'est ce rapport que désigne l'expression *pesanteur spécifique*.

Eh bien ! depuis vingt-deux siècles que le célèbre géomètre *Archimède* a découvert que tous les différents corps de la nature avaient une pesanteur spéciale à chacun d'eux, aucun instrument pratique propre à exprimer méthodiquement et sans calcul les pesanteurs spécifiques, n'a paru avant l'apparition de l'hydromètre métrique et vérifiable par le premier individu sans modèle ni étalon, et qu'on peut fabriquer à un prix modique à la portée du petit détaillant d'eau-de-vie, et au-dessous du prix des alcoomètres vicieux invérifiables, qui depuis vingt-deux ans occasionnent des contestations, des procès et l'arbitraire dans la perception des droits. Ce qui suit va démontrer la vérité de mes assertions :

Suivant la loi, toute balance fausse, soit par l'inégalité de ses bras de leviers, soit par n'importe quelle supercherie employée par un marchand de mauvaise foi, est saisissable et susceptible de l'application d'une peine correctionnelle envers celui qui en a fait usage, soit pour vendre, soit pour acheter. Tout poids et mesure ou balance qui n'est pas revêtu du signe apparent d'une vérification légale, se trouve dans le même cas que la fausse balance, et donne lieu à saisie et à procès-verbal par le vérificateur et par tout agent de police.

L'alcoomètre est une balance qu'on a admise pour peser et apprécier, par leur pesanteur, les eaux-de-vie commerçables. Une telle balance, qu'on donne pour apprécier les valeurs intrinsèques du plus précieux produit dont la nature a favorisé notre belle France, ne présentant aucun des caractères exigés par la loi sur les balances, poids et mesures, est une balance fausse et plus pernicieuse encore que les faux poids et mesures, qui peuvent être légalement vérifiés, corrigés et *réajustés*, lorsque la balance alcoométrique ne présente aucun mode de vérification praticable, tant par les vérificateurs des poids et mesures que par les commerçants qui en font usage ; vérification à laquelle s'oppose son défaut de principe et son mode de construction.

L'alcoomètre étant invérifiable, ne peut que favoriser l'anarchie et le désordre dans les transactions commerciales. Les fabricants de cet instrument n'ayant aucun moyen pour lui donner l'exactitude voulue, n'étant arrêtés dans leur fabrication ni par une vérification légale, ni par aucune répression de la loi, qui est muette et impuissante sur cet instrument, ont pleine liberté d'en construire des forts et des faibles, au choix et à la discrétion des hommes de mauvaise foi. Ces fabricants ne peuvent même pas être taxés de malveillance, car l'auteur de l'alcoomètre ne leur ayant donné d'autre moyen de les construire que d'accorder tels ou tels degrés de cet instrument avec tels degrés de Cartier qu'il leur désigne, il s'en suit que le pèse-liqueur de Cartier n'étant basé sur aucun principe, n'a aucun type de vérité auquel on puisse recourir pour le vérifier, n'est nullement propre pour graduer les alcoomètres, par cela même qu'on trouve rarement des pèse-liqueur de Cartier bien d'accord entr'eux : et M. Gaylussac avoue lui-même, dans l'instruction qu'il donne pour l'usage de l'alcoomètre, que le pèse-liqueur de Cartier est sans principe, qu'il a dégénéré dans les mains des ouvriers, par la succession des temps, et qu'il a lui-même aperçu que les trois pèse-liqueur de Cartier, en argent, qu'on lui a procurés à la régie, présentaient des différences entre eux. D'après cela, comment M. Gaylussac pourrait-il dire qu'il a donné un moyen évident aux fabricants pour construire son alcoomètre avec exactitude, lorsque ceux même qu'il vend six francs aux fabricants comme étalons, ne sont pas exacts, comme je vais le démontrer plus loin par les vérifications dont je me suis occupé.

Si on ajoute à tous ces obstacles que rencontrent les fabricants pour arriver à l'exactitude, l'impossibilité de faire des échelles progressives croissantes comme les accroissements des volumes immergés des instruments dans les liquides, qui ne s'apercevra pas que l'alcoomètre est impraticable, soit dans sa fabrication, soit dans son usage? On ne peut faire de pareilles échelles progressives exactes qu'au moyen d'un diviseur tel que celui que j'ai composé et construit, qui permet d'évaluer les fractions à ajouter d'une division à l'autre avec l'exactitude des plates-formes employées pour diviser les cercles des instruments astronomiques, plates-formes qui ne tracent que des divisions en parties égales, lorsque mon diviseur n'est construit que pour tracer des divisions croissantes, dont il n'y a pas deux semblables dans les échelles des hydromètres. J'aurai lieu de m'étendre sur ce point dans la description des hydromètres spéciaux pour les eaux-de-vie, soit en verre, soit en argent, soit en cuivre doré.

L'alcoomètre n'est ni métrique ni vérifiable, n'étant pas basé sur les pesanteurs spécifiques, et en cela en contravention avec la loi, qui dit que toute marchandise quelconque sera pesée ou mesurée avec les poids et mesures métriques dans toute l'étendue de l'empire français, et cette loi va jusqu'à obliger d'employer les noms des poids et mesures métriques dans tous les traités ou actes, sous peine de nullité.

La loi qui a admis l'alcoomètre, étant en contradiction manifeste avec la loi sur les poids et mesures métriques, doit être abrogée. Les législateurs en consacrant l'usage de l'alcoomètre ont été séduits par la célébrité de l'auteur de cet instrument, ils ont pensé que l'homme qu'on regarde à juste titre comme l'oracle de la science était infaillible, et ne se sont pas rappelés de l'adage *omnis homo mendax,* que notre premier père a légué à toute sa postérité.

Les réflexions suivantes feront voir l'étrange disparate entre l'usage de l'alcoomètre et l'usage des poids et mesures que la loi autorise. Quand un négociant va en douane recevoir ses sucres, ses cafés, etc., s'il veut s'assurer que les droits qu'il a à payer ne seront pas prélevés arbitrairement, il a une pleine liberté de vérifier poids et balances avant le pesage, ce qui est très-facile à faire, et c'est ce qu'il fait presque toujours. Avec quel arbitraire n'agit-on pas envers lui, en lui taxant les droits sur les eaux-de-vie d'après un alcoomètre qui ne présente aucun mode de vérification légale, et qui n'a d'autre authenticité de vérité que le nom de son auteur, qui ne peut pas démentir l'adage : nul homme n'est infaillible. Le public et le négociant peuvent apprécier l'exactitude et l'importance de ces réflexions.

Cet ordre de choses n'a jamais pu entrer dans l'esprit du législateur, pas plus que dans l'intention des percepteurs des droits, non plus que dans celle du gouvernement, qui donne avec le plus grand soin toutes les garanties possibles à qui il appartient. Quand le détaillant va recevoir le tabac à la régie, chez l'entreposeur, cet entreposeur l'a-t-il jamais trompé sur le poids, la balance qui pèse ce tabac n'oscille-t-elle pas toujours insensiblement du côté de la marchandise? Sur l'impôt du sel l'administration n'en agit-elle pas avec la même exactitude? ainsi que sur tous les droits perçus sur toutes les autres denrées et marchandises? Aucune des autorités n'est coupable des désordres qu'occasionne l'alcoomètre, qui a été admis par la seule trop grande influence de son auteur, qui s'est rendu l'homme nécessaire dans la partie scientifique comme dans la partie administrative; n'est-il pas le juge souverain dans tous les comités consultatifs? Si j'attaque les malheureux résultats qu'ont amené l'usage de l'alcoomètre, c'est parce que le bien public, dont je suis animé, m'y a excité, et que si l'entière indépendance me fait dire des vérités qui peuvent blesser certaines susceptibilités, j'éprouve une véritable satisfaction à reconnaître le mérite transcendant de M. Gaylussac en le regardant comme l'homme supérieur du siècle, mais il est loin d'être infaillible.

Je prie le public de ne pas regarder l'éloge que je fais du mérite de M. Gaylussac comme un moyen d'accréditer le jugement sévère que je porte sur l'alcoomètre, mon indépendance me faisant dire la vérité sur le bien comme sur le mal.

L'influence du célèbre chimiste s'est manifestée jusque parmi les savants qui auraient pu vérifier l'alcoomètre, mais ils s'en sont abstenus, soit par déférence pour son auteur, soit parce qu'ils ont reconnu que cet instrument ne présentait aucune utilité dans leurs analyses où la reconnaissance des pesanteurs spécifiques est indispensable et que ne peut donner l'alcoomètre. Eh bien! pour qu'on ne puisse pas me taxer d'avoir porté sur cet instrument un jugement hasardé, j'ai entrepris la vérification de l'alcoomètre, qui, toute délicate qu'elle est, n'est pas au-dessus de ma compétence, et je pourrai, devant n'importe qui, prouver son inexactitude.

Outre les nombreuses vérifications que j'ai faites, sans trouver un seul alcoomètre exact de ceux qui sont répandus par les fabricants dans le commerce, par le défaut principal des échelles qu'ils sont incapables de tracer en progression croissante, comme les accroissements de volume : outre, dis-je, que je me suis procuré des alcoomètres qu'on vend comme garantis, tels que ceux que les fabricants de produits chimiques font faire pour expédier dans les départements, j'en ai acheté deux chez M. Colardeau, l'associé de M. Gay-Lussac, portant leurs deux noms. Comme ces deux alcoomètres sont dans la catégorie de ceux que l'auteur vend comme étalons, aux fabricants, au prix de six francs, j'ai pensé que ceux-ci me suffiraient pour faire ma vérification projetée; car ceux qui sont marqués de deux zéros (00) étant signalés par l'auteur comme plus que parfaits, et qui n'ont pas de prix, je n'ai pas jugé à propos d'en faire l'acquisition. Il est à remarquer à ce sujet que, par les vérifications que j'ai faites et que je décris plus bas, il se trouve que les alcoomètres désignés par la marque d'un zéro (0) ou de celle des deux zéros, comme plus que parfaits, sont ceux qui sont les plus inexacts, et que l'excès d'alcool qu'ils indiquent dans les eaux-de-vie, remet ceux auxquels on signale des marques d'imperfection et qui sont donnés à des prix beaucoup moindres, parmi ceux qui s'éloignent le moins de l'exactitude qu'ils devraient avoir. A quels abus n'entraînent pas des alcoomètres à tous prix? Dans ces abus, les administrations n'y sont pour rien; les administrateurs se servent d'un instrument vicieux, autorisé par une loi, qui n'a pas exigé que l'alcoomètre soit soumis à une vérification légale : le législateur étant séduit par la célébrité de son auteur, qu'il a cru infaillible, a adopté cette loi inconsidérément, il est hors de doute qu'elle sera abrogée, lorsque l'hydromètre, qui présente toutes les garanties par la vérification si facile qu'on peut en faire, sera connu, et lorsqu'on verra que l'hydromètre faisant partie des poids et mesures métriques se trouve en conformité avec la loi qui en ordonne l'usage exclusif: la non-adoption de l'hydromètre métrique et vérifiable serait un non-sens. C'est au gouvernement et aux législateurs que j'adresse ces paroles; le désordre existant ne peut cesser que par l'usage de l'hydromètre, balance qui n'a pas ses leviers inégaux, et dont l'égalité peut se vérifier par l'homme le moins instruit et même par un ignorant. Tous ces raisonnements si simples pourront paraître fastidieux à certains savants, mais je les ai déjà avisés que ce n'était point à eux que je me proposais de parler; c'est au commerçant, au distillateur et à cette intéressante partie du peuple qui occupe toutes mes pensées, et dont le bien-être est le plus puissant motif de mes travaux et de mes recherches. J'appuierai toujours mes assertions par des preuves, sans égard à aucune considération personnelle; les principes de la méthode hydrométrique sont à l'abri de toute censure. Quelques hommes pourront s'écrier : Quel homme vaniteux! Mais qui ne sait qu'il y a cent sortes de vanités, dont les unes sont plus ou moins louables, et d'autres plus ou moins méprisables? Le véritable amour-propre est une vertu.

VÉRIFICATIONS DES ALCOOMÈTRES.

J'ai fait trois mélanges, suivant la méthode dont a pu se servir M. Gaylussac, pour former et tracer l'échelle de son alcoomètre. Le premier mélange s'est fait avec 85 parties d'alcool absolu et 15 parties d'eau, à la température 15 centigrades, température indiquée par l'auteur. La pesanteur spécifique de ce mélange donne 845, et est égale à un mélange de 18 parties d'eau avec 100 parties d'alcool absolu. Alors ce mélange de 85 parties d'alcool pur avec 15 parties doit donner 85 à l'alcoomètre : eh bien! l'un des deux donne 87 et l'autre 86. Lorsque les deux devraient donner 85. Deuxième mélange : suivant l'alcoomètre, un mélange moitié alcool pur et moitié eau doit donner 50; l'un des prétendus étalons a donné 52 et l'autre 53.

Troisième mélange, de 65 parties d'alcool pur sur 35 parties d'eau, doit donner 65. L'un des deux a donné 67 et l'autre 66 1/2. Toutes ces proportions d'alcool et d'eau distillée, à la température de 15 degrés centigrades, ont été pesées avec la balance hydrométrique, qui est infaillible, et non prises à la mesure, qui ne présente pas une exactitude suffisante. On voit, par ces expériences, que l'alcoomètre n'est qu'une fausse balance qui est en contradiction avec la loi sur les poids et mesures. L'hydromètre, avec un millième de tolérance sur ceux en verre seulement, lorsque l'alcoomètre étalon donne cinquante-trois pour cinquante, ce qui fait quinze millièmes d'erreur, l'alcoomètre est une véritable fausse balance, à leviers inégaux.

D'un autre côté, qui n'aperçoit pas cette bizarrerie absurde de l'auteur de l'alcoomètre, qui en vend à douze francs, à six francs, à quatre francs, suivant qu'ils s'écartent plus ou moins de l'exactitude illusoire marquée sur les instruments par un zéro comme parfaits, par deux zéros comme plus que parfaits, ces derniers sont sans prix. Ceux au-dessous du zéro simple, qui se vendent six francs aux fabricants, comme étalons, ont après eux une série de marques, d'un huitième, d'un quart, etc., qui se vendent proportionnellement à des prix différents. Avec un tel assortiment, l'homme de mauvaise foi peut choisir à son gré ceux qu'ils destinent pour acheter ou pour vendre. Si, à la suite de tous ces alcoomètres de différents prix, on fixe son attention sur ceux que les fabricants expédient à leurs marchands, à douze francs la douzaine, on peut s'imaginer à quel désordre conduit l'usage de pareils instruments invérifiables sur lesquels la loi n'a aucun moyen de répression.

Si le célèbre artiste, M. Fortin, fait des balances de 50 francs et d'autres de 1500 francs à 2000 francs, les unes comme les autres ont leurs bras de leviers égaux; leur différence de prix, par un travail de main-d'œuvre plus ou moins précieux, n'établit pas une différence de justesse dans la moins chère. La perfection dans les hydromètres métriques et vérifiables est une, leur prix sera toujours le même, il n'y en aura ni à 12 francs ni à 1 franc. Les balances et les poids et mesures qui se vendraient suivant leur inexactitude, occasionneraient un grand désordre dans la société, et l'alcoomètre à tout prix est dans le même cas. L'usage d'un pareil instrument est une barbarie qu'il est étonnant de voir dans un pays civilisé.

En 1825, M. de Gouvenain, de Dijon, a fait paraître une brochure in-8°, imprimée chez Douillier, libraire, où se trouve la description de l'alcoomètre; pour cet instrument, M. de Gouvenain s'est servi dans ses mélanges, pour faire l'échelle alcoométrique, d'alcool à 800 de pesanteur spécifique, au lieu d'alcool de 792, dont M. Gay-lussac a pu se servir; mais cette différence n'ôte point l'identité de composition dans les deux alcoomètres; alors, celui de M. de Gouvenain, ayant paru huit ans avant celui de M. Gaylussac, ne pourrait-on pas penser que ce dernier n'a pas coûté autant de travaux, de recherches et de temps, ainsi qu'il l'annonce dans son instruction sur l'usage de son alcoomètre, pour lequel son influence a fait passer une loi d'adoption? Quant aux échelles en progression arithmétique croissantes, comme les accroissements des volumes immergés des instruments, c'est une invention qui m'appartient, et qui est mentionnée dans le Mémoire que j'ai fait imprimer, en 1812, et qui a été publié à Paris, à la même époque de ma découverte du système hydrométrique. Avant cette époque, aucun instrument n'avait paru gradué de cette manière. Alors, M. Gaylussac n'a pas inventé les échelles progressives.

Ces légères peccadilles de M. Gaylussac ne peuvent diminuer la gloire qu'il s'est acquise par ses importantes découvertes. Eh! quels sont, parmi les hommes les plus célèbres, ceux dont la gloire n'a pas été accompagnée de quelque faiblesse ou erreur? L'infaillibilité n'a jamais pu être l'attribution d'aucun homme; elle n'a été applicable qu'à l'Homme-Dieu, qui était impeccable. M. Gaylussac a trop de génie pour ne pas s'être aperçu que l'alcoomètre n'ajouterait jamais rien à sa gloire. On peut le féliciter d'en avoir fait une heureuse spéculation, qui a pu lui procurer une juste indemnité de tous les sacrifices qu'ont exigé les brillantes découvertes qui le placent au rang des bienfaiteurs de l'humanité.

M. Gaylussac a connu mon hydromètre universel, dès 1812; il l'a eu entre les mains pendant vingt-quatre heures pour l'éprouver, et lorsque je suis retourné chez lui pour connaître son opinion, il m'a dit : « Votre instrument exprime bien les pesanteurs spécifiques, mais c'est un instrument inutile, parce que le plus habile artiste de Paris n'est pas capable d'en faire un semblable. » Voilà son opinion, mot pour mot. Je repris mon hydromètre, et je suis allé faire part de cette opinion à MM. Parmentier, Charles, Vauclin, Cadet Gassicourt et à plusieurs autres, qui m'avaient félicité sur ma découverte, et tous unanimement me dirent : cette opinion de M. Gaylussac ne nous surprend nullement, car il ne voit qu'avec peine toutes les découvertes qu'il n'a pas faites.

M. de la Mettrie, inséra mon Mémoire tout entier dans le Journal de Physique ; M. Gassicourt fit, dans le Bulletin de Pharmacie, mention des hydromètres en verre, gradués en progression arithmétique qu'il éprouva, et sur lesquels il dit qu'il n'y avait que les hydromètres de M. Lanier, pouvant exprimer les pesanteurs spécifiques. Voir les Bulletins des derniers mois de 1812. M. Gaylussac s'est bien donné garde de citer ma découverte dans ses Mémoires sur l'alcoomètre présenté à l'Académie. Cette Académie a d'emblée approuvé l'alcoomètre, et s'est trouvée compétente pour se prononcer pour l'adoption d'un instrument non métrique et invérifiable, et M. le baron Séguier, chargé par l'Académie d'examiner ma méthode hydrométrique, a jugé qu'elle n'était pas compétente pour traiter un sujet qui avait rapport au système métrique : M. le Baron avait été le président du jury de l'exposition de 1844, où son influence a empêché les jurés d'examiner mes instruments hydrométriques exposés dans le temple national de l'industrie française. J'ai écrit une lettre très-décente à M. Gaylussac, au mois de décembre dernier. Ne m'ayant pas fait de réponse, ce mépris des convenances m'a mis dans le droit de dire bien des vérités qui auraient pu avoir moins d'éclat, s'il avait eu égard à mes propositions. C'est au public judicieux à mettre tout dans la balance.

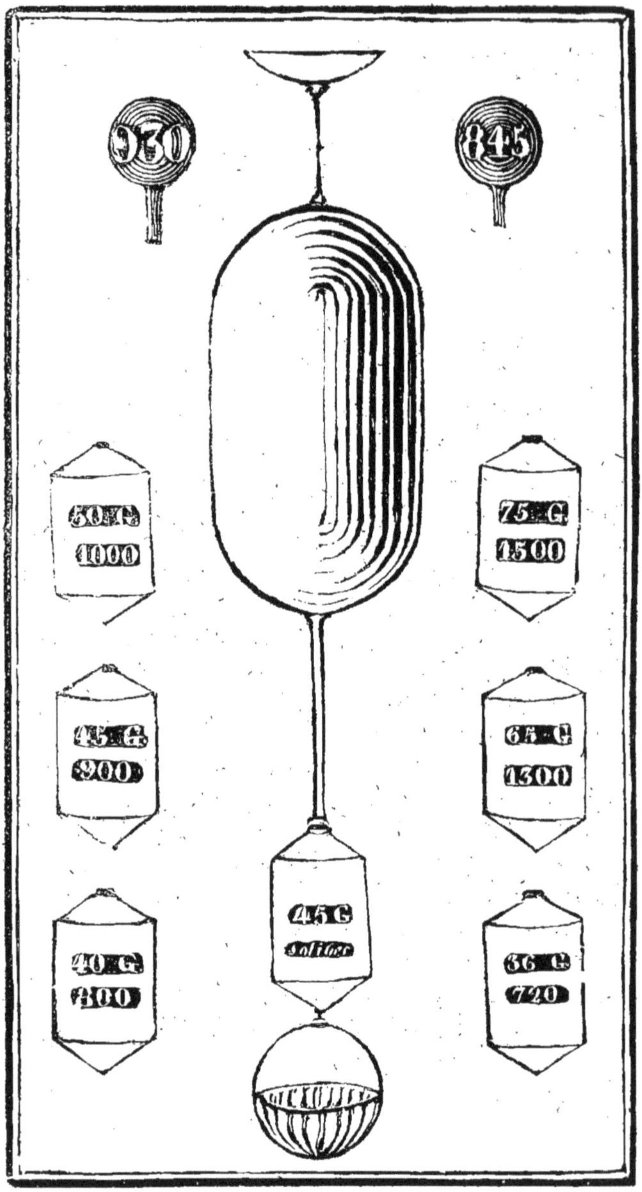

845
50 G
1000
75 G
1500
45 G
900
65 G
1300
45 G
40 G
36 G
720

DESCRIPTION

DES

INSTRUMENTS HYDROMÉTRIQUES.

HYDROMÈTRE UNIVERSEL.

Cet instrument a le volume constant de 50 grammes d'eau distillée, à la température de dix degrés de Réaumur. L'hydromètre universel, supposé de platine, peut exprimer les valeurs intrinsèques de toutes les substances liquides ou solides, par la connaissance des pesanteurs spécifiques qu'il apprécie par millième et dix-millièmes, au moyen de lests de rechange de différents poids, sans changer l'identité du volume de 50 grammes d'eau distillée qui est l'unité des pesanteurs spécifiques, qui ne se reconnaissent que par le rapport de leur poids et de leur volume avec le poids d'un pareil volume d'eau. Avec le lest marqué 50 g., qui amène l'instrument immergé dans l'eau, à la ligne de foi, en ajoutant dans le bassin supérieur des grammes, on reconnaîtra les pesanteurs spécifiques de substances plus lourdes que l'eau, qui est 1000, et on déterminera toutes les densités entre 1000 et 1300. Avec les deux lests suivants marqués, l'un 65 et l'autre 75, on pourra aller jusqu'à 1840, pesanteur spécifique de l'acide le plus lourd des acides liquides. Pour les liquides plus légers que l'eau, avec trois lests, dont l'un marqué 45 G. on va de 900 jusqu'à l'eau 1000; avec celui marqué 40 G., on va de 800 à 900, et avec celui marqué 36, depuis l'éther 720 jusqu'à 800, ce dernier liquide étant le plus léger de tous. On voit par là qu'avec les six lests et des grammes, on peut apprécier tous les liquides plus légers que l'eau, comme tous ceux qui sont plus pesants avec un seul hydromètre appelé universel par ses propriétés. Cet hydromètre présentant les plus grandes difficultés dans son exécution, n'a été conçu et exécuté que pour fonder le système hydrométrique qui doit combler la lacune qui existe dans le système des poids et mesures métriques. Sans cet instrument, d'une rigoureuse exactitude, je n'aurais pas pu faire les tables des pesanteurs spécifiques des liqueurs alcooliques qui m'ont permis de construire des hydromètres spéciaux principalement pour le commerce des eaux-de-vie, but que je n'aurais pu atteindre sans avoir un type infaillible pour donner à ces instruments l'exactitude rigoureuse qu'exige leur importance. Je n'ai donc construit l'hydromètre universel que pour mon usage, cet instrument sans prix ne convient point au commerçant, il lui faut un instrument plus facile dans l'usage, plus portatif, et d'un prix modique à la portée de toutes les classes de la société. Les hydromètres sont dans toutes les applications métriques vérifiables et en parfaite conformité avec la loi, qui ne souffre pas l'arbitraire; l'alcoomètre ne présente aucune de ces conditions, il doit donc être répudié comme une fausse balance. Les hydromètres comprenant l'appréciation de tous les liquides, et l'hydromètre universel comme la balance hydrométrique dont la description va suivre, apprécient, outre les pesanteurs spécifiques des liquides, celles des solides; tandis que l'alcoomètre, fût-il juste, ne s'étendrait qu'à l'appréciation d'une espèce de liquide, sans être ni métrique ni vérifiable, et par cela est en contravention avec la loi. Quel homme serait assez borné pour ne pas sentir toutes ces vérités?

L'hydromètre sur la planche est représenté avec son lest et sa corbeille pour peser les solides; ce lest donne à l'instrument le poids de 45 grammes. On peut alors placer dans le bassin supérieur un solide n'excédant pas 5 grammes. Le volume du lest avec sa corbeille déplace exactement le même volume d'eau que tous les autres lests; le volume de ce lest, qui ne sert que pour les solides, ayant en moins ce que la corbeille déplace. Les deux boules soufflées en verre sont les deux étalons des deux termes 845 et 930 pour graduer les hydromètres en verre spéciaux pour les eaux-de-vie.

BALANCE HYDROMÉTRIQUE.

Avec cette balance, on reconnaît les pesanteurs spécifiques de toutes les substances liquides ou solides, qu'on apprécie par millièmes et dix-millièmes, comme on apprécie l'or et l'argent par leurs millièmes de fin, au moyen de l'essai.

Cette balance devient hydrométrique par l'emploi d'un vase de cristal à large ouverture et à couvercle, ce qui permet de pouvoir l'essuyer intérieurement avec soin, lorsqu'on vient à éprouver successivement plusieurs liquides différents par leurs parties constituantes. Le couvercle du vase est ajusté avec une portée entrante jusqu'à une arrête fixe, qui détermine la contenance constamment égale. L'emboîtement du couvercle est ajusté à l'émeri, et par le tâtonnement, avec le temps, on le fait entrer jusqu'à ce qu'il donne au vase la contenance déterminée de cinquante grammes d'eau distillée, à la température de dix degrés de Réaumur. Le poids du vase diminuant jusqu'à la fin de l'ajustage, il faut continuellement régler la tare avant de reconnaître les cinquante grammes d'eau qu'il doit contenir. Quand, par des pesées répétées, on est parvenu à avoir l'équilibre à un milligramme de précision, le vase est terminé. Pour l'usage, on l'emplit avec le liquide qu'on veut éprouver autant qu'il peut en contenir; on fait entrer le couvercle jusqu'à son arrête, et alors l'excédant du volume de cinquante grammes d'eau, sort par le trou capillaire pratiqué au centre de sa concavité intérieure, en formant le jet d'eau. On essuie soigneusement et on le place dans le plateau de la balance opposé à celui qui porte la tare. On cherche alors à établir l'équilibre, au moyen de grammes, centigrammes et milligrammes. En comptant vingt millièmes par gramme, un millième par cinq centigrammes, un cinquante millième par milligramme, on formule la pesanteur spécifique trouvée. Ce vase a, sur les flacons usités dans les laboratoires de chimie et de physique, l'avantage d'être d'une contenance déterminée, ce qui dispense de tout calcul et a en outre celui de pouvoir être exactement nettoyé intérieurement, et plus, de pouvoir y placer un solide de trois centimètres de grosseur en diamètre, et ensuite de faire toutes les opérations et expériences de pesanteurs spécifiques, avec une très-petite quantité de liquide (un vingtième de litre). Aucun des instruments connus et usités n'a présenté tous ces avantages. L'ajustage des deux parties du vase ne se fait pas sans quelques difficultés ; mais encore il demande moins d'art que de patience et de soins très-minutieux.

Cette balance hydrométrique donne absolument les mêmes résultats que l'hydromètre universel ; l'une, par la contenance de cinquante grammes d'eau ; l'autre, par le déplacement de cinquante grammes d'eau. Mais cette balance inventée plusieurs années après mon hydromètre universel a un grand avantage sur l'hydromètre, par la raison qu'elle peut se fabriquer à un prix dix fois moindre. Je n'ai inventé et construit l'hydromètre universel que pour fonder ma méthode hydrométrique, et non par spéculation, son prix trop élevé le rend impraticable pour les usages du commerce. Il m'a servi pour construire des hydromètres, en argent et en verre, spéciaux pour les différents liquides, plus légers ou plus pesants que l'eau, qui seront praticables pour toutes les classes de la société, et j'aurais vainement rempli l'intention que j'ai toujours eue de compléter le système métrique, si, d'après l'hydromètre universel, je n'avais pas fait des hydromètres spéciaux pour chaque liquide et à des prix très-modérés. Tous ces hydromètres spéciaux, soit pour les esprits, soit pour les acides, les sirops, etc., sont à tiges graduées, en progressions arithmétiques croissantes, comme les accroissements de volumes déplacés, et expriment les pesanteurs spécifiques par millièmes. Ces instruments métriques et vérifiables sont destinés à donner aux commerçants toutes les garanties dont ils n'ont jamais pu jouir par l'usage de pèse-liqueur vicieux, sans principe ni base, par conséquent invérifiable. La balance hydrométrique qui sera d'une grande utilité dans les cabinets de chimie et de physique, sera un type infaillible dans les administrations et dans les tribunaux de commerce, pour décider tous les différends qui peuvent avoir lieu ; car la vérification des hydromètres est bien plus facile avec la balance hydrométrique, parce qu'on n'a besoin que d'un demi-décilitre de liquide, le principe de la vérification de l'hydromètre spécial pour les eaux-de-vie, se prenant du poids du litre, le pesage dans un litre se ferait difficilement à un gramme près, et son remplissage serait également sujet à quelque inexactitude, lorsqu'avec la balance hydrométrique, on reconnaîtrait à l'évidence jusqu'à un dix-millième de pesanteur spécifique d'une eau-de-vie en litige. Les balances et les poids du commerce qui ont une tolérance, ne sont point propres pour faire une vérification exacte par le poids d'un litre, à moins d'avoir les poids étalons et une balance de précision, comme celles que fabrique M. Fortin, qui sont sensibles à un décigramme, quoique chargée de deux kilogrammes de chaque côté ; un litre d'étain rempli d'eau-de-vie ne pourrait se peser de manière à reconnaître les millièmes de pesanteur spécifique exprimés par les hydromètres ; leur vérification vraie ne peut se faire avec exactitude, qu'avec la balance hydrométrique, qui est munie de poids, de grammes sans tolérance, et dont le vase peut s'emplir constamment avec la même exactitude. Tous les savants de Paris, qui ont examiné avec attention ma balance hydrométrique, l'ont admirée et jugée propre pour faire toutes les expériences de pesanteurs spécifiques les plus délicates. Avec la balance hydrométrique ajustée au milligramme, on pourrait reconnaître le titre de l'or et de l'argent, alliés au cuivre rouge, surtout l'or, en plaçant le bouton d'essai dans le vase rempli d'eau distillée à la température de dix degrés de Réaumur, ainsi qu'on peut reconnaître les pesanteurs spécifiques de tous les solides. Pour l'usage dans l'appréciation des eaux-de-vie, la sensibilité de cette balance ne doit pas aller au-delà d'un centigramme, qui représente un cinquième de millième, car son prix augmenterait beaucoup par une plus grande précision.

L'hydromètre universel m'a servi, en 1812, pour faire mes premières tables des pesanteurs spécifiques des eaux-de-vie, dans toutes les proportions d'alcool absolu et d'eau, et, pour m'assurer de l'exactitude de ces tables, je les ai répétées avec la balance hydrométrique, une seconde et une troisième fois depuis sept ans, et ayant, pour les trois tables, employé trois procédés différents pour faire les mélanges, sans trouver aucune différence appréciable dans les pesanteurs spécifiques. J'insère les dernières dans ce Traité de l'hydrométrie, on y voit en regard de chaque millième de pesanteur spécifique le nombre de millilitres d'alcool absolu, contenus dans un litre d'eau-de-vie, de la pesanteur spécifique trouvée à l'hydromètre, et en se servant de ce nombre pour multiplier les litres du tonneau jaugé, dont on a extrait l'eau-de-vie éprouvée, le produit sera le nombre de litres d'alcool absolu, contenus dans l'eau-de-vie du tonneau.

L'appréciation des eaux-de vie par la balance hydrométrique, ou par les hydromètres à tiges graduées en progression arithmétique croissante, comme les accroissements de volume, est telle, qu'en exprimant leur pesanteur par millièmes de densité très-apparents, chaque millième en plus ou en moins de tolérance ne peut produire sur le prix d'un litre qu'un demi-centime de différence, l'hectolitre étant à cent francs. On voit, par ce qui est dit ci-dessus, que tous les hydromètres peuvent être soumis à une vérification légale.

HYDROMÈTRE D'ARGENT

SPÉCIAL POUR LES EAUX-DE-VIE COMMERÇABLES.

L'hydromètre universel, trop dispendieux par les grandes difficultés de son exécution, et la balance hydrométrique n'étant pas portative, m'ont engagé à composer des instruments en argent et en verre, spéciaux pour les eaux-de-vie du commerce, exprimant avec précision leurs pesanteurs spécifiques, comme l'hydromètre universel, par millièmes de densité. Cet hydromètre d'argent a le poids constant de cinquante grammes, et le volume du flotteur, de 51 millilitres 20 c., est en parfait rapport avec la division de son

La tige et le flotteur de l'hydromètre ne pouvant pas, par leur hauteur, être gravés pour que le dessin soit de grandeur naturelle, on a séparé la tige du flotteur; alors, toutes les proportions sont prises sur l'instrument même.

RAPPORT DE CARTIER AVEC LES PESANTEURS SPÉCIFIQUES.

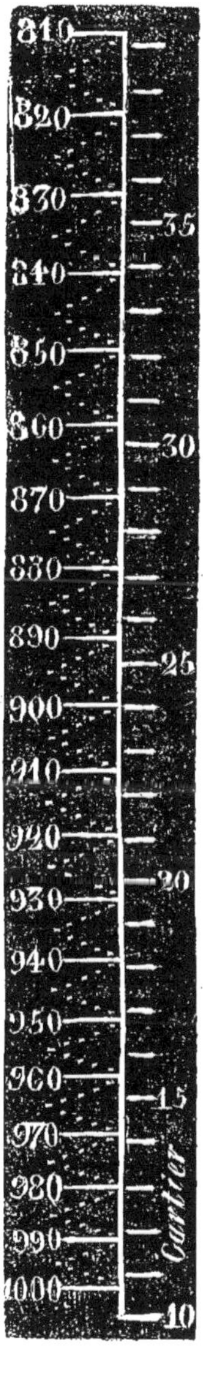

Volume du flotteur avec son lest : 51 millilitres 20 c.; de la tige : 9 millilitres 80 c., jusqu'à la division 820 ; hauteur du cylindre : 55 millimètres ; diamètre : 30 millimètres 1/2, pèse 18 grammes ; les 2 coquilles, 7 grammes ; poids du lest massif avec la tige qui le réunit au flotteur, 14 grammes. On peut construire l'hydromètre métallique d'après ces proportions.

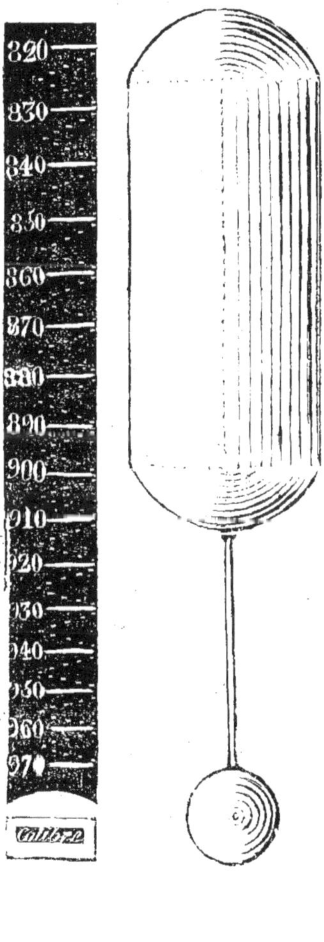

échelle, qui, sur tous les hydromètres d'argent, doit être constamment la même. Trouver le volume du flotteur en parfait rapport avec la division en progression arithmétique croissante comme les volumes de liquides déplacés par les différents enfoncements de l'instrument, a été le problème dont il m'a fallu trouver la solution. Le calcul étant impuissant pour la trouver, j'y ai réussi par des moyens mécaniques qui m'ont amené à connaître à l'évidence que la tige graduée, dont le tube tiré à la filière ne peut laisser aucun doute sur sa cylindricité, m'a amené, dis-je, à savoir, que le flotteur, non compris la tige, devait déplacer cinquante et un millilitres deux dixièmes d'eau, à la température de dix degrés de Réaumur, je dis à cette température, parce que l'eau qui a servi à cette expérience a été prise au poids, dans le vase de cristal à large ouverture, fermant par un couvercle ajusté à l'émeri, qui a servi à ladite expérience. On doit sentir, que pour déterminer le premier volume cherché, il a fallu des tâtonnements; mais le volume de 51 millilitres deux dixièmes, trouvé, il m'a été facile de construire de suite d'autres hydromètres d'argent, conformes à la division de leurs échelles, qui sont les mêmes sur tous, étant imprimés avec une matrice en acier, gravée en relief. Cette grande uniformité dans ces hydromètres, qui seront faits comme s'ils étaient sortis d'un même moule, par un même poids, un même volume et une même division; ils seront comme des types infaillibles, comme les modèles du mètre, du kilogramme et du litre, égaux par toute la France. L'ordre de choses établi avec de pareils instruments, devra être un sujet d'admiration, pour les peuples auxquels on n'a jamais pu donner des instruments capables d'apprécier une marchandise aussi précieuse que l'alcool, qu'on pourra maintenant apprécier avec la même sûreté et la même garantie que celles qu'on obtient par le kilogramme et le litre dont l'hydromètre dérive; il n'y aura aucune tolérance admise sur les hydromètres d'argent. Les difficultés d'exécution de cet instrument ne doivent pas arrêter les artistes intelligents et habiles qui voudront en faire; je me propose de leur donner tous mes moyens et tous mes procédés, lorsque le gouvernement se prononcera sur l'adoption du système hydrométrique, l'utilité générale exigeant de moi de ne me réserver aucuns secrets sur la fabrication des hydromètres dont le public sent l'extrême besoin pour faire disparaître tous les abus de l'incertitude et de l'arbitraire auxquels conduisent tous les instruments usités jusqu'à présent. Il n'y a rien d'oublié dans la méthode hydrométrique, j'ai inventé une éprouvette avec laquelle la température des eaux-de-vie se reconnaît, en même temps que l'hydromètre en donne la pesanteur.

J'ai trouvé le moyen le plus simple et le plus certain pour ramener les eaux-de-vie au tempéré légal de dix degrés de Réaumur, sans aucun calcul ni tables de logarithmes nécessaires dans l'usage de l'alcoomètre; ainsi qu'on sera à même d'en juger à l'article thermomètre.

Les pèse-liqueur en argent usités depuis longtemps, c'est-à-dire depuis Cartier, qui fit admettre son pèse-liqueur, par la Ferme générale, et pour prendre le titre d'inventeur, il défigura le pèse-liqueur de Beaumé, en mettant l'eau beaucoup au-dessous du degré dix, qu'avait adopté Beaumé, il s'en suivit une marche dans tous ses degrés, qui ne s'accordaient plus avec ceux de Beaumé; voilà la belle invention de Cartier, qui lui a fait faire, dit-on, une brillante fortune. Eh bien! ses instruments d'argent, qui peuvent se déboucher par un petit dez que l'on enlève avec l'ongle, permettent à l'homme de mauvaise foi de le rendre plus fort ou plus faible. Ce vice ne paraîtra pas sur les hydromètres d'argent, ils ne pourront se déboucher. On admet une tolérance en plus sur les poids et mesures, pour prévoir l'altération qu'ils peuvent éprouver par l'usage continuel qu'on en fait, c'est pour cette raison qu'on les soumet à une vérification annuelle, pour être réajustés s'ils en ont besoin.

De tous les pèse-liqueur à tige graduée, connus et usités avant la découverte de l'hydromètre métrique, aucun n'a pu exprimer les pesanteurs spécifiques, aucun n'a été gradué et divisé en progression arithmétique croissante, comme les accroissements de volume dans leurs différents enfoncements dans les liquides. L'hydromètre universel que j'ai inventé et construit en 1812, pour fonder ma méthode hydrométrique et faire les tables des pesanteurs spécifiques des eaux-de-vie, m'a donné lieu de chercher les moyens de faire des hydromètres spéciaux pour tous les liquides différents par leurs pesanteurs exprimant ces pesanteurs spécifiquement comme l'hydromètre universel, afin d'avoir des instruments praticables dans les usages journaliers et à la portée de tout le monde, par un prix modéré. L'hydromètre universel trop coûteux n'est pas praticable. Tous les pèse-liqueur connus, gradués et divisés en parties égales, n'ont jamais pu être que des pèse-liqueur de comparaison, qui, construits sans principe ni base, ont été tous invérifiables, sans présenter aucune garantie à la société. Vice monstrueux que les lois, muettes et impuissantes, ont laissé subsister, aucun homme n'ayant encore trouvé le moyen d'anéantir ce vice, que l'hydromètre métrique et vérifiable peut faire disparaître.

D'après ce simple exposé, quel est l'homme qui ne puisse reconnaître que l'hydromètre, qui exprime métriquement les pesanteurs spécifiques par millième de densité, qui peut être soumis à une vérification légale, quel est l'homme, dis-je, qui ne voie jusqu'à l'évidence que l'hydromètre métrique et vérifiable sans modèle ni étalon ne soit l'instrument nécessaire pour donner à la société toutes les garanties dont elle n'a jamais joui, et qu'elle réclame depuis des siècles, sans qu'on ait pu les lui fournir? Vous, hommes judicieux, savants économistes, que pensez-vous de ces hommes qui s'abstiennent, qui ne veulent pas avouer l'utilité du système hydrométrique, en formant une espèce d'opposition à son adoption? Ne pourrait-on pas dire que ces hommes ne voient qu'avec peine les découvertes utiles aux progrès des lumières et de la civilisation, à l'imitation de ces inquisiteurs, contemporains de Galilée, qui le persécutèrent pour avoir remis le soleil et la terre chacun à sa place? Les législateurs recevront des bénédictions en mettant l'hydromètre et l'alcoomètre chacun à sa place; ce dernier, en contradiction manifeste avec la loi sur les poids et mesures métriques sera répudié.

HYDROMÈTRES EN VERRE

SPÉCIAUX POUR LES EAUX-DE-VIE ET POUR LES LIQUIDES PLUS PESANTS QUE L'EAU.

L'hydromètre universel de platine et la balance hydrométrique seuls peuvent apprécier les 840 millièmes de densité spécifique qu'on aperçoit dans les liquides plus pesants que l'eau, dont l'acide sulfurique concentré, le plus pesant des liquides, va à 1840, relativement à son pareil volume d'eau, qui est 1000 ou l'unité, comme également les densités des liquides plus légers que l'eau qui présentent 280 millièmes entre l'unité et l'éther, le plus léger des liquides, qui n'a que 720 de pesanteur spécifique. Telles sont les propriétés de ces deux instruments, plus propres à servir dans un laboratoire de chimie ou de physique que dans la main du commerçant, l'un par son prix trop élevé, et l'autre parce qu'il n'est pas assez portatif. Le premier de ces instruments a servi pour composer le second qui, en donnant exactement les mêmes résultats que le premier, se trouve beaucoup plus précieux, en ce que son prix est dix fois moindre, étant d'une construction facile, à la portée de tout artiste intelligent.

C'est au moyen de ces instruments, qu'on doit regarder comme infaillibles, qu'on évalue les plus petites fractions du millième de densité spécifique, et que j'ai pu, avec la plus grande exactitude, composer les tables des pesanteurs spécifiques des eaux-de-vie, tables absolument nécessaires pour construire les hydromètres en verre, les uns spéciaux pour les eaux-de-vie, les autres pour les acides et tous les liquides plus pesants que l'eau. Au moyen de l'hydromètre spécial pour les eaux-de-vie, le commerçant pourra faire toutes ses opérations, sans crainte de commettre aucune erreur. Le tableau des pesanteurs spécifiques donnant en regard de chaque nombre de pesanteur trouvée par l'hydromètre le nombre de millilitres d'alcool absolu que contient le litre de l'eau-de-vie éprouvée, et ce nombre de millilitres étant le multiplicateur des litres d'un

TABLE

Des pesanteurs spécifiques des Eaux-de-Vie.

Les colonnes A sont les pesanteurs spécifiques indiquées par l'hydromètre.

Les nombres des colonnes B en regard des pesanteurs spécifiques trouvées avec l'hydromètre, sont les millilitres d'alcool absolu contenus dans un litre d'eau-de-vie, dont la pesanteur spécifique est en regard.

Dans ces nombres, les fractions du millilitre négligées, ne peuvent occasionner au plus que deux décilitres d'erreur sur un tonneau de deux hectolitres. Le complément des millilitres d'alcool des colonnes B pour aller à 1000, donne les millilitres d'eau qui constituent les pesanteurs spécifiques.

A.	B.	A.	B.	A.	B.	A.	B.	A.	B.
812	952	848	837	884	699	920	543	956	351
813	950	849	835	885	697	921	540	957	345
814	947	850	830	886	694	922	538	958	339
815	943	851	826	887	690	923	532	959	338
816	941	852	823	888	685	924	529	960	322
817	938	853	820	889	683	925	526	961	312
818	934	854	816	890	680	926	521	962	303
819	932	855	813	891	676	927	515	963	294
820	929	856	810	892	671	928	510	964	286
821	926	857	805	893	669	929	505	965	278
822	923	858	800	894	666	930	500	966	270
823	921	859	797	895	662	931	495	967	263
824	917	860	794	896	658	932	492	968	256
825	913	861	790	897	653	933	485	969	250
826	909	862	787	898	658	934	481	970	244
827	905	863	784	899	646	935	476	971	238
828	901	864	781	900	641	936	472	972	227
829	898	865	778	901	637	937	467	973	217
830	896	866	775	902	635	938	463	974	208
831	893	867	772	903	633	939	459	975	200
832	889	868	769	904	629	940	454	976	190
833	886	869	763	905	625	941	450	977	182
834	883	870	760	906	621	942	442	978	174
835	880	871	757	907	617	943	435	979	167
836	877	872	754	908	613	944	427		
837	873	873	750	909	610	945	424		
838	869	874	746	910	606	946	418		
839	867	875	741	911	599	947	410		
840	865	876	735	912	592	948	405		
841	862	877	730	913	588	949	400		
842	859	878	725	914	587	950	393		
843	855	879	720	915	575	951	385		
844	851	880	715	916	568	952	377		
845	847	881	712	917	562	953	370		
846	844	882	709	918	555	954	364		
847	840	883	704	919	549	955	357		

tonneau jaugé exactement, le produit sera le nombre de litres d'alcool absolu contenu dans le tonneau. On verra, à l'article *Thermomètre,* le moyen simple que j'ai découvert pour ramener les eaux-de-vie au tempéré légal 10 de Réaumur sans aucun calcul. Cet instrument, commode, facile dans son usage et à un prix à la portée de toutes les classes de la société, présente toutes les conditions qu'il fallait remplir, et sans lesquelles le but de l'hydrométrie, qui est l'utilité publique et générale, n'aurait pu être atteint. Ces instruments en verre présentent donc le plus grand intérêt pour le commerce, même avec un millième de tolérance, qu'il est indispensable d'admettre sur ces instruments dont on ne peut garantir la cylindricité des tubes. L'hydromètre en verre, pour les eaux-de-vie, ainsi que celui en argent, n'auront pas besoin d'avoir des échelles qui comprennent les 208 millièmes qui sont depuis l'eau 1000 jusqu'à 792 d'alcool absolu. Il suffira que leurs échelles portent les nombres depuis 950 jusqu'à 830, parce que, entre ces deux termes, se trouvent toutes les eaux-de-vie commerçables. Par la suppression des degrés inutiles pour le commerce, l'hydromètre plus court sera plus commode dans l'usage. Pour les chimistes, physiciens, pharmaciens et autres, qui emploient des esprits très-rectifiés, on en fabriquera qui auront l'échelle complète depuis l'eau jusqu'à l'alcool absolu de 792.

Mon premier but, en fondant la méthode hydrométrique, a été de donner un mode certain pour apprécier les eaux-de-vie, et faire disparaître tous les abus qu'occasionne l'usage d'instruments vicieux, sans principes, qui ne présentent aucun moyen de vérification, et qui, par cela même, ne donnent aucun empire à la loi pour réprimer la mauvaise foi, à laquelle ils laissent toute latitude; les fabricants ont la pleine liberté de faire des pèse-liqueur forts ou faibles, au gré de celui qui veut tromper. Avec les poids et mesures métriques soumis à une vérification légale, le gouvernement donne au public les garanties qui sont les gages de la sécurité publique pour toutes les marchandises, excepté pour celle qui est la plus précieuse, l'alcool.

L'hydromètre métrique et vérifiable donne les mêmes avantages et garanties que tous les autres poids et mesures. C'est parce que les hydromètres en verre présentent une utilité majeure, que je me suis attaché à leur donner toute la perfection désirable ; on verra à l'article *Diviseur mécanique* qu'aucun sacrifice ne m'a coûté pour arriver à ce but. Je donnerai aux fabricants tous mes procédés et moyens, fruits d'une longue suite de travaux, d'expériences et de recherches, pour faire des échelles exactement en progression arithmétique croissante, comme les accroissements des volumes que déplacent les hydromètres, dans toutes leurs immersions dans les différentes eaux-de-vie. On ne peut franchir une pareille difficulté qu'au moyen du diviseur mécanique que j'ai imaginé et construit, dont je donne la description plus loin. Tous mes moyens, dis-je, seront communiqués et mis au jour, sans réserve d'aucun secret, lorsque le gouvernemeut prendra ma découverte en considération : Alors la société pourra jouir de toutes les garanties qu'elle réclame depuis des siècles, et que lui assure l'usage d'un instrument métrique et vérifiable comme tous les autres poids et mesures métriques. Parmi les moyens que j'ai à donner aux fabricants, il y en a deux principaux que je vais dévoiler ici : Le premier, est celui par lequel ils pourraient prendre les deux termes de 930 et de 845, de la manière la plus sûre et la plus évidente. Pour prendre ces points sur les tubes qu'on veut graduer, un étalon à tige graduée n'est pas suffisant, parce qu'il est difficile de prendre le point de l'enfoncement réel de l'instrument dans le liquide, ce point ne peut se prendre de cette manière que par estimation, parce que l'adhésion du liquide au tube le fait monter au-dessus du niveau réel. En outre, pendant le temps employé à prendre un terme, la pesanteur spécifique peut changer par la plus petite influence de température sans qu'on puisse s'en apercevoir ; ce mode cependant a toujours été pratiqué, le moyen que j'ai imaginé dès 1805, temps où je réglais le commerce des eaux-de-vie sur la place de Nantes, en faisant des pèse-liqueur de Cartier parfaitement comparatifs avec ceux de Cartier même, que je m'étais procurés, ce moyen, le voici : Je souffle une boule de verre au bout d'un tube capillaire un peu fort de verre, je coupe le tube à une distance de la boule qui, à estimation, doit lui donner la pesanteur pour descendre au fond de l'éprouvette, qui contient une eau-de-vie de 930, reconnue d'avance avec la balance hydrométrique. Cette boule allant au fond de l'eau-de-vie de 930, il s'agit d'ôter son excédant de poids, soit à la lime, soit au lapidaire, jusqu'à ce qu'elle soit d'un poids égal au volume du liquide qu'elle déplace pour venir stationnaire au milieu de la hauteur de l'eau-de-vie dans l'éprouvette, au point qu'elle n'ait aucune tendance ni à monter ni à descendre, en maintenant toujours la température à 10 de Réaumur. La boule ainsi réglée, on peut avec sûreté plonger un hydromètre à graduer pour avoir le terme de 930, qu'on marque sur le tube par un petit point de peinture rouge comme la plus apparente. Voilà un étalon infaillible, inaltérable, propre à servir indéfiniment pour prendre le terme de 930. Avec cet étalon pour graduer les hydromètres, on n'a plus aucun besoin de tenir l'eau-de-vie au tempéré, dès que la boule est amenée stationnaire dans une eau-de-vie de quelque pesanteur qu'elle soit, réellement au-dessus ou au-dessous de 930 : le terme de 930 peut se marquer sur l'hydromètre à graduer. Si la boule se trouve dans le haut de la liqueur, on la ramène au milieu, soit en échauffant la liqueur, soit en ajoutant de l'eau-de-vie plus forte. La même opération est à faire pour avoir une boule étalon du terme 845. Il n'est pas besoin d'observer que si les boules se tiennent au bas de l'éprouvette, on les fait remonter au milieu, en y ajoutant quelques gouttes d'eau, ayant soin de remuer la liqueur de haut en bas, quand on a fait quelqu'addition d'eau ou d'alcool. Ces deux boules sont représentées dans la planche première.

Le second moyen, le voici : Lorsque le fabricant aurait pris les deux termes sur vingt-cinq ou cinquante hydromètres, ils seraient apportés au bureau de vérification où, après avoir reconnu l'exactitude des termes, on lui délivrerait les différentes échelles convenables aux termes qui diffèrent entre eux comme les volumes, que ces fabricants ne peuvent pas faire égaux, cette facilité de les souffler sans être astreints à les faire égaux de volume, leur donne le moyen d'en faire beaucoup et de pouvoir les vendre à un prix modique. C'est pour cette cause de la grande diversité des volumes, que j'ai divisé et gravé sur dix planches de cuivre deux cents échelles, toutes différentes en étendue, variant de l'une à l'autre de deux dixièmes de millimètres, dont les divisions sont opérées au moyen du compas-diviseur, dont je donne la description plus loin. Au moyen de ces planches par l'impression, je peux produire un nombre illimité d'échelles en très-peu de temps. Le bas de chaque échelle ayant le chiffre des millimètres, qui sont la distance des deux termes 930 et 845. En prenant cette distance avec le compas, on trouve sur-le-champ l'échelle qui convient aux termes pris avec le compas, sur l'hydromètre, les échelles étant casées numériquement par ordre. Voilà les seuls moyens de pouvoir répandre par toute la France des hydromètres égaux et avec toute l'exactitude désirable.

Un des plus grands mérites de l'hydromètre universel est de m'avoir donné le moyen de faire les tables des pesanteurs spécifiques des eaux-de-vie, que j'ai pu reporter avec la même exactitude sur des hydromètres en verre, divisés en progression croissante comme les accroissements de volume, par millièmes de densités aussi apparents et aussi appréciables que les divisions de tous les instruments connus, sans exiger plus de longueur, moyen inconnu et inusité avant l'invention de l'hydromètre, qui date de 1812. C'est cette découverte que j'offre au public, dont le bonheur occupe toutes mes pensées. L'ambition de la fortune ne trouble pas mon esprit, je ne prétends ni aux récompenses ni aux honneurs ; la bienveillance du public me suffira.

Les Anglais ont adopté pour eau-de-vie de preuve celle qui correspond à 925 millièmes de pesanteur spécifique, qui égale l'eau-de-vie de 20 degrés quatre dixièmes de Cartier, probablement pour désigner que l'eau-de-vie au-dessous de cette preuve n'est pas admissible dans le commerce. Une eau-de-vie de preuve, fixée en France à 930 de pesanteur spécifique, qui est un mélange de moitié alcool pur et moitié eau, serait bien avantageuse pour le consommateur, qui par la liberté qu'ont les détaillants de rabaisser l'eau-de-vie outre mesure avec de l'eau, font boire au consommateur, de l'eau pour de l'eau-de-vie régulière. A cet égard, il se commet des abus énormes. Ces détaillants ne devraient-ils pas être soumis à ne pas vendre de l'eau-de-vie au-dessous de la preuve? ainsi que le boulanger et le boucher, qui ne peuvent vendre le pain et la viande au-dessus de la taxe fixée avec équité par l'autorité, d'après les prix des matières premières, sur le marché de la place, dont les mercuriales sont publiées tous les mois. L'équité dans la taxe du pain et de la viande ne laisse-t-elle pas toujours au boulanger et au boucher les moyens de faire avantageusement leurs affaires. La mesure pour le détail d'eau-de-vie étant le demi-décilitre, cette mesure peut être taxée comme le kilogramme de pain, d'après le prix courant de l'hectolitre d'eau-de-vie, publié journellement par les courtiers du commerce. Si, par exemple, l'eau-de-vie de preuve était à cent francs l'hectolitre, suivant le prix courant, le demi-décilitre est de cinq centimes, et que pour le détail l'autorité le fixât à dix ou douze centimes, le détaillant aurait-il lieu de se plaindre? Si l'autorité donne toutes les garanties au public consommateur du pain et de la viande, le consommateur d'eau-de-vie doit avoir les mêmes droits à sa sollicitude. S'il n'en a pas été ainsi jusqu'à présent, c'est parce que l'autorité ne le pouvait, par la raison qu'elle n'avait pas, plus que les droits-réunis, les moyens de fixer un prix équitable d'après l'alcoomètre invérifiable, non métrique et en contradiction avec la loi, comme fausse balance.

On s'est occupé aux deux chambres, pendant plusieurs mois, des falsifications des vins sans pouvoir les constater à l'évidence, même avec toute la capacité de M. Gaylussac, dont l'opinion a été si bien relevée par un membre de la chambre des pairs; lorsqu'il est si facile, au moyen de l'hydromètre métrique et vérifiable, de constater les falsifications des eaux-de-vie. La loi exige impérieusement l'usage des poids et mesures métriques, pour le pesage et le mesurage de toutes les marchandises, sans exception d'aucune. L'hydromètre métrique et vérifiable, remplissant toutes les conditions exigées par la loi, permettra aux autorités de pouvoir réformer les abus dont le consommateur d'eau-de-vie est victime. Tous les détaillants, pour leurs achats, obligés d'avoir leurs hydromètres, comme le boulanger ses poids et balances, pourront faire voir aux consommateurs que l'eau-de-vie qu'ils débitent n'est pas au-dessous de la preuve 930, 19 degrés 7 dixièmes de Cartier. Alors, le consommateur n'achèterait plus que de l'eau-de-vie régulière, qu'il couperait à sa convenance avec de l'eau, sans la payer, comme il la paie chez quelques détaillants; il faut, à cet égard, avouer qu'il y a beaucoup de détaillants honnêtes qui ne fraudent pas leur eau-de-vie, ceux-là ont pour clientelle les bons gourmets; mais ceux-ci ne forment pas le plus grand nombre des consommateurs.

L'hydromètre en verre, en présentant le millième de tolérance, ne pourra donner lieu qu'à une erreur presque insensible dans l'évaluation de l'eau-de-vie; car, sur un hectolitre de cent francs, il n'occasionnerait que cinquante centimes, et un demi-centime sur le litre, réduction dont on peut tenir compte en cas de contestation de marchand à marchand, en recourant à la balance hydrométrique, qui déciderait de suite le différend. On peut juger d'après cela qu'un millième de tolérance est très-admissible sur des instruments en verre dont on ne peut garantir la cylindricité des tubes, cependant, ce défaut de cylindricité sera rarement assez prononcé pour produire un millième d'erreur. Maintenant, je donne l'avis suivant : Tous les hommes, sans exception, sont faillibles; ainsi, si par un manque de soin ou d'attention, un des ouvriers que je pourrai employer, venait à régler un hydromètre où le millième serait dépassé, cet hydromètre devra être rapporté pour être brisé et remplacé par un autre, vérifié avec plus d'attention. Si tous les hydromètres pouvaient être réglés par mes soins propres, je pourrais garantir qu'ils approcheraient bien rarement du millième de tolérance.

Par ce qui précède, on doit voir qu'il n'y a jamais eu de pèse-liqueurs à tiges graduées susceptibles d'apprécier, comme l'hydromètre, d'aussi petites valeurs dans les eaux-de-vie. Le but que j'ai toujours eu en vue a été de faire paraître, dans toute l'étendue de l'empire français, des instruments égaux, exacts et vérifiables, comme le sont le kilogramme et le litre, d'où ils dérivent. Alors, le système métrique des poids et mesures, complété par l'hydromètre, et déjà apprécié par quelques nations, est destiné à être adopté généralement, sa base reposant sur la nature même, dont les lois immuables sont gravées dans le cœur de tous les humains.

La fabrication des hydromètres deviendra d'une grande importance pour la France, qui expédie par tout le globe les eaux-de-vie supérieures les plus estimées. Le seul hydromètre qui en apprécie les valeurs intrinsèques par les pesanteurs spéciques, auxquelles tous les savants du monde ont recours dans leurs analyses, ne peut manquer d'être apprécié par tous ces savants et par toutes les nations qui font une consommation considérable de cette précieuse liqueur, dont la nature a fait une mine d'or sur le sol de notre belle France. Pour accomplir un projet aussi vaste, et établir une fabrication sur une grande échelle, avec tous les moyens et les procédés communiqués aux artistes qui entreprendront cette branche d'industrie, il est nécessaire que je fasse des élèves dans la science hydrométrique, pour former des vérificateurs; il faudrait en outre le concours du gouvernement, qui sentirait la nécessité de réformer tous les abus qui existent dans l'important commerce des eaux-de-vie : réforme qu'il n'a pu faire jusqu'à présent, parce qu'elle était impraticable avec des instruments non métriques, invérifiables, par conséquent, en contradiction manifeste avec les lois, et ne présentant aucune garantie dans les transactions, ainsi que dans la perception des droits. Aujourd'hui, la méthode hydrométrique en offrant tous les moyens, le gouvernement est à même d'opérer la réforme. Si Dieu m'accorde le temps de voir la société jouir du bienfait que doit lui procurer l'emploi de la méthode hydrométrique, aucuns regrets n'accompagneront ma dernière heure.

HYDROMÈTRES EN VERRE

SPÉCIAUX POUR LES LIQUIDES PLUS PESANTS QUE L'EAU.

L'hydrométrie embrasse la connaissance générale de l'appréciation de tous les liquides par leur pesanteur spécifique; si ce traité est principalement écrit pour les commerçants d'eaux-de-vie, et pour tous ceux qui, par leur profession, se trouvent dans le besoin d'employer des esprits et d'en connaître les degrés de rectification ou de force, les chimistes, les physiciens ont aussi besoin d'avoir des instruments propres à faire connaître les degrés de concentration des acides, des lessives, des dissolutions de sels, d'alcalis, etc.; plusieurs fabriques ont encore besoin de ces mêmes instruments propres à peser différents liquides plus pesants que l'eau; alors l'hydrométrie offre tous les hydromètres à cet effet. Ces hydromètres se composent de trois instruments, parce qu'un seul ne pourrait porter ou exprimer les 840 millièmes de densités différentes, qu'on peut avoir à apprécier entre l'eau 1000 et l'acide sulfurique concentré de 1840 de pesanteur spécifique; alors, on construit trois hydromètres, dont le premier, partant de 1000 va à 1300; le second, de 1300 à 1600, et le troisième de 1600 à 1840. Chacun de ces instruments exprime les densités par millièmes.

ÉPROUVETTE EN CRISTAL.

Cette éprouvette ayant un thermomètre logé intérieurement dans une canelure, sert pour reconnaître, avec l'hydromètre, la pesanteur des liquides en même temps que leur température, ce qui évite l'emploi d'un thermomètre séparé, qu'on n'a pas besoin de porter avec soi.

INSTRUMENT DE PÉNÉTRATION.

Pour ne laisser rien à désirer, dans l'usage et la pratique de la méthode hydrométrique, j'ai composé et construit un instrument avec lequel on peut évaluer la pénétration qui a lieu, quand on coupe un esprit fort avec de l'eau, pour l'amener à un degré voulu; cette pénétration occasionne une diminution de volume telle, que sur un tonneau de deux cent quarante litres, si on y met 140 litres de 3/6, et qu'on le remplisse avec cent litres d'eau qu'on mélange bien, en roulant le tonneau pendant quelques minutes; vingt-quatre heures après, au lieu de deux cent quarante litres, on n'en trouve plus que deux cent trente-quatre, à un litre près, plus ou moins, selon la température des deux liquides avant le mélange. Ayant mis dans cet instrument un demi-décilitre de 3/6, 845 de pesanteur spécifique, avec un demi-décilitre d'eau, bien mélangés, qui font cent millilitres, après la pénétration effectuée, il n'y avait plus que 97 millilitres, le tube de verre, qui marque l'abaissement successif de la liqueur, ayant marqué par sa graduation trois millilitres, d'abaissement. Il suit de cette diminution de volume une augmentation de pesanteur spécifique qui produit plusieurs millièmes de fin en moins à l'hydromètre. D'après tous ces effets, le détaillant ne peut acheter et enlever une barrique d'eau-de-vie qui vient d'être coupée devant lui dans un magasin, sans éprouver une perte de plusieurs litres, et un abaissement de degrés, lorsque la pénétration est terminée; pénétration qui demande au moins vingt-quatre heures dans un tonneau, pour être complète, dans un magasin très-frais. Si je voulais hasarder mon opinion sur cette espèce de phénomène, je dirais qu'au moyen du calorique qui se dégage dans la combinaison des deux liquides, les molécules prennent une contexture, en se rapprochant, qui les resserre et diminue l'espace qu'elles occupaient avant la combinaison : cette hypothèse n'intéressant nullement le commerçant d'eau-de-vie, je ne m'y arrête pas plus qu'aux différentes opinions de quelques savants qui ne s'accordent pas sur les causes de la pénétration dans les mélanges des différents liquides qui dégagent du calorique dans leur union; car, dans les mélanges de liquides, qui ne produisent pas le dégagement de calorique, il n'y a pas de pénétration. Il suffit aux personnes qui ont besoin de la méthode hydrométrique, pour leurs opérations, de connaître les effets de la pénétration dans les coupages d'eau-de-vie, sans s'inquiéter des causes. Cette dissertation n'a d'autre but que de faire voir l'importance qu'on doit attacher à la connaissance de la pénétration. Avec cet instrument, je pourrais faire des tables qui indiqueraient les portions d'eau à ajouter au 3/6, pour l'abaisser à tel degré voulu, autrement, cet instrument est plus propre dans un cabinet de physique que pour un usage ordinaire.

INSTRUMENT DIVISEUR

Pour graduer les hydromètres en progression arithmétique croissante, comme les accroissements de volume déplacés dans les liquides.

Tous les moyens géométriques, pour faire les échelles dont il s'agit, sont insuffisants ou impraticables pour obtenir l'exactitude exigée sur les hydromètres à tiges graduées. Le compas diviseur que j'ai imaginé et construit de manière à pouvoir apprécier un quinze-centième de millimètre, comme un dixième ou un centième, me donne le moyen de trouver facilement la fraction à ajouter d'une division à l'autre, sur telle ou telle échelle dont la longueur est connue. Exemple : Si je veux trouver la progression exigée sur tel hydromètre, de quelque volume qu'il soit ; je commence par prendre bien exactement le point de son enfoncement dans l'eau distillée à 10 degrés de Réaumur, que je marque d'un petit point rouge sur le tube, je règle ensuite une autre eau, où j'ajoute la petite portion de l'alcool, pour qu'à la balance hydrométrique je reconnaisse que le mélange soit à 990 de pesanteur spécifique ; alors je plonge ledit hydromètre dans ce mélange, et je marque bien exactement son point d'enfoncement. Ensuite, avec la balance hydrométrique, je règle deux autres liqueurs, l'une à 800 et l'autre à 810. Je prends les deux points d'enfoncement sur le tube, alors, après avoir mis le compas diviseur à zéro d'approchement des deux pointes, je fais marcher l'aiguille du cadran, jusqu'à faire donner aux pointes l'écartement qu'a donné le point de mille à celui de 990. Cette distance donne, par exemple, par la course de l'aiguille sur le cadran 7,000 quinze-centièmes de millimètres, je note ce nombre, et sans déranger le compas, je reporte les pointes au terme de 800 à 810, dont la distance est beaucoup plus grande ; alors, je fais marcher l'aiguille pour compléter l'écartement qu'ont donné les esprits de 800 à 810 qui se trouve de 12,000 quinze-centièmes de millimètres, la différence des deux nombres 5,000, se divise par le nombre de divisions à tracer sur l'échelle à introduire dans le tube de l'hydromètre, dont le quotient 250 sera la fraction qu'il faut diminuer de l'un à l'autre degré, en commençant par le haut de l'échelle, avec le compas, qui n'a point été dérangé et dont les pointes ont l'écartement de 12,000 quinze-centièmes de millimètres : en diminuant ainsi à chaque degré la fraction 250 par l'indicateur de l'aiguille, on arrive à 1000 du premier terme du bas de l'échelle, qui sera par ce moyen divisée en progression arithmétique croissante, de bas en haut, et décroissante de haut en bas. Dans cet exemple supposé, j'ai pris des nombres ronds ; mais le compas peut exprimer des fractions de tout nombre possible avec la même facilité, avec l'habitude de le manœuvrer. Aucun autre moyen ne peut être employé pour tracer les échelles progressives. On ne peut procéder, pour cette opération, qu'avec un instrument capable d'évaluer les plus petites fractions de millimètres.

Cette démonstration n'indique pas les procédés que j'ai imaginés pour faire, au moyen de cet instrument, une quantité considérable d'échelles, pour tous les volumes des instruments en verre, que les souffleurs ne peuvent pas faire d'un même volume : par ces procédés, je peux produire quatre à cinq cent mille échelles, dans un court espace de temps. Je me réserve de communiquer ces procédés pour l'époque où le gouvernement, en adoptant la méthode hydrométrique, jugera à propos de m'appeler, pour établir un bureau de vérification, par lequel passeraient tous les hydromètres des fabricants, afin qu'on ne puisse pas voir, dans toute la France, deux hydromètres dissemblables, à la tolérance près d'un millième, qu'on ne peut se dispenser d'admettre ; car on serait bien à même de faire des hydromètres en verre, sans tolérance aucune, si, dans les verreries, ils avaient des procédés pour faire les tubes cylindriques.

THERMOMÈTRES.

La valeur des eaux-de-vie doit se régler d'après leur température, et pour cette raison, on a été obligé d'adopter un tempéré légal, pour ramener telle ou telle eau-de-vie à ce tempéré, 10° de Réaumur, ce qui est praticable par plusieurs moyens connus; mais celui très-facile, lorsqu'on n'a pas de thermomètre, et qui n'exige pas l'usage de cet instrument, qu'on n'a pas toujours sous la main, c'est de tirer d'un puits un sceau d'eau, et de plonger dedans l'éprouvette, qui contient l'eau-de-vie dont on veut reconnaître le titre, trois à quatre minutes suffiront pour ramener l'eau-de-vie à 10° de Réaumur, tempéré légal.

Ce tempéré, 10ᵉ degré de Réaumur, est celui adopté par tous les savants qui ont reconnu que la nature nous offre cette température moyenne partout, dans les puits, dans les caves, et généralement à trois à quatre mètres au-dessous de la surface du globe; elle est entretenue constamment par la puissante influence du foyer incandescent qui existe au centre de la terre, qui se communique par gradation décroissante de proche en proche jusqu'à sa croûte extérieure. Dans ces merveilleux effets, on aperçoit la sagesse infinie de l'auteur de la nature, qui a vu que, sans ce foyer de chaleur, qui se communique graduellement du centre de la terre à sa circonférence, il ne pourrait y avoir aucune végétation; sans ce foyer, il est probable que notre planète ne serait qu'une masse de glace que le soleil même ne pourrait pénétrer. Alors, aucune minéralisation à l'intérieur, aucune végétation à l'extérieur, plus d'êtres vivants possibles. La terre est le creuset de la nature, et le soleil son agent. L'absence d'un de ces deux foyers l'anéantirait. Oh! sagesse divine, partout ta puissance sans bornes se montre, et nous force à la reconnaître et à t'adorer.

Ces quelques lignes, qui paraissent s'écarter un peu de mon sujet, présenteraient sans doute peu d'intérêt à ces savants qui ont déjà arraché tant de secrets à la nature; mais comme j'ai annoncé ailleurs que je n'écrivais ce traité que pour cette classe de la société dont le bonheur m'occupe tout entier, j'ai cru que cette petite digression pouvait lui être aussi utile qu'agréable.

Je reprends, la dissertation commencée sur l'usage du thermomètre octogésimal de Réaumur, qui seul convient dans la méthode hydrométrique. Le tempéré 15 centigrades ne convient nullement dans l'appréciation des eaux-de-vie par l'hydromètre, car il donnerait lieu au même vice et au même abus occasionné par l'usage de l'alcoomètre, qui fixe une augmentation de valeur imposable sur deux degrés de température, qui doivent être au contraire en diminution, et en voici la preuve : De temps immémorial, avant M. Gaylussac, le tempéré 10 de Réaumur, pris dans la nature même, a été admis pour ramener les eaux-de-vie à ce tempéré légal, de sorte qu'à ce tempéré, les eaux-de-vie ne souffrent ni augmentation ni diminution de valeur dans l'évaluation. Au-dessous de ce tempéré, l'eau-de-vie gagne en valeur imposable, et diminue de valeur imposable lorsqu'elle est au-dessus de ce tempéré. D'après l'évaluation par le tempéré centigrade de 15 degrés, il y a deux degrés de Réaumur sur lesquels on augmente un droit qui, en principe, devrait être diminué. Cette supercherie ne peut être attribuée qu'à M. Gaylussac, qui l'a employée arbitrairement, sans l'aveu du législateur, qui ne laisse aucune équivoque dans les lois. Si le législateur a jugé équitable le droit de 30 centimes par litre, il n'a pas prétendu que, par une supercherie, le droit pût être arbitrairement augmenté. Une telle subtilité ne peut être autorisée par la loi. Si, à cet abus désordonné, occasionné par le tempéré arbitraire de M. Gaylussac, on ajoute le vice énorme de l'alcoomètre, dont les degrés indiquent dans les eaux-de-vie des quantités d'alcool pur qu'elles ne contiennent pas, un tel instrument ne doit-il pas être proscrit. L'homme observateur peut dire : mais comment, depuis vingt-trois ans que des pareils abus existent, n'a-t-on pas pu s'en apercevoir ? Je vais en donner la cause très-clairement. M. Gaylussac, par des motifs à lui connus, a rendu son alcoomètre invérifiable, n'ayant pas les pesanteurs spécifiques pour base : Alors, les commerçants et les administrateurs, n'ayant aucuns moyens de s'assurer de l'exactitude qu'il devait avoir, les employés en ont fait usage bien innocemment, le commerçant n'ayant, par la même raison, aucun moyen de réclamation, s'est résigné à payer un droit prélevé arbitrairement. C'est ainsi que les abus se sont perpétués Il y avait cependant un moyen de vérifier l'alcoomètre, comme on a vu plus haut que je l'ai fait; mais cette vérification ne peut être praticable que dans le laboratoire du chimiste. D'ailleurs, l'alcoomètre n'a présenté aux savants aucun intérêt, puisqu'il n'exprime pas les pesanteurs spécifiques, ils ont reconnu tout d'abord que l'alcoomètre ne pouvait être pour eux d'aucune utilité pour leurs opérations de chimie ou de physique.

Dans l'hydrométrie, tout est clair, tout est évident; l'hydromètre se vérifie sans modèle ni étalon. Eh bien! croirait-on que j'ai rencontré quelqu'un qui m'a dit : «Vous aurez beau faire, votre méthode, toute parfaite que je la vois, sera rejetée, si elle favorise moins le fisc que l'alcoomètre.» Une aussi grossière absurdité conduirait à faire admettre que la tâche que les gouvernants et les législateurs ont à remplir devrait tendre à l'abolition de toutes les belles institutions qui honorent l'humanité, et à s'opposer à tout progrès. Cet homme a montré une opinion aussi absurde qu'insensée, qui ne mérite que le mépris.

Je vais maintenant rapporter les intéressantes expériences que j'ai faites sur les différentes densités qu'occasionnent dans les eaux-de-vie les différences de température qu'elles manifestent, et qui m'ont conduit à découvrir le moyen le plus simple pour ramener les eaux-de-vie au tempéré légal de 10° de Réaumur, sans aucun calcul ni tables de logarithmes.

En 1812, époque où j'ai fait paraître mon hydromètre universel, qui me donnait les moyens de reconnaître les pesanteurs spécifiques des liquides, à cette époque, dis-je, où je m'occupais de régler le commerce des eaux-de-vie sur la place de Nantes, en construisant, pour les commerçants, des pèse-liqueur de Cartier parfaitement comparatifs, ayant un étalon d'argent de Cartier même, j'eus occasion de ramener une eau-de-vie de 21° à 20 de Cartier. Par l'hydromètre universel, je reconnus que cette eau-de-vie avait pour 21° 920 de pesanteur spécifique (je reconnus par le thermomètre de Réaumur sa température à 17°), alors, pour la rabaisser à 20°, j'imaginai qu'en rabaissant cette température de 17° à 10°, je pourrais venir au 20° degré de Cartier; ma conjecture se vérifia, et, en reconnaissant la pesanteur spécifique du 20° degré de Cartier, être de 927, je vis que les sept degrés d'abaissement de température avaient augmenté de sept millièmes la densité de l'eau-de-vie. Cette concordance me surprit agréablement; mais, me persuadant que cette marche ne serait sans doute pas la même dans les degrés supérieurs du pèse-liqueur, je ne continuai pas d'autres expériences, qui me paraissaient d'ailleurs demander beaucoup de temps pour les faire avec la précision qu'elles exigent.

Revenu en France, en 1838, après la connaissance que j'eus au Mexique, par les journaux, que le système métrique devait, par une loi, être exclusivement employé par toute l'étendue de l'empire français, j'ai repris mes travaux hydrométriques suspendus pendant un séjour de vingt-deux ans dans les Amériques, avec l'intention d'accomplir le projet que j'avais formé depuis plus de quarante ans de compléter le système métrique, qui n'offre aucun moyen d'apprécier l'alcool, et présentant par le mètre, le kilogramme et le litre, celui d'apprécier toutes les autres denrées et marchandises. C'est donc en reprenant mes travaux que, me rappelant l'expérience que j'avais faite en 1812, que j'ai voulu suivre les expériences sur tous les degrés des différentes eaux-de-vie. Eh bien! ces expériences, faites avec beaucoup de soin, m'ont fait connaître que la marche ou la concordance des degrés de Réaumur était régulière dans les eaux-de-vie, depuis celle de 940 de pesanteur spécifique jusqu'à celle de 840, distance qui comprend toutes les eaux-de-vie commerçables. Je me suis trouvé heureux d'avoir fait cette découverte, qui met le commerçant, au moyen de l'hydromètre, à même de connaître sans calcul, l'appréciation des eaux-de-vie conformément à leur température. Si une eau-de-vie, par exemple, est à 3, 4 ou 5 degrés de Réaumur au-dessus du tempéré, 10° de Réaumur, on réduit la valeur de 3, 4, ou 5 millièmes de l'hydromètre sans craindre de commettre aucune erreur. Si la température est au-dessous du tempéré légal, l'augmentation de valeur par millième se fait également. Si on voulait attribuer cette heureuse découverte au hasard, ce hasard sorti de l'expérience aura toujours son mérite.

Parmi toutes les tables de pesanteurs spécifiques des eaux-de-vie que j'ai eu lieu d'examiner, aucunes n'ayant été faites par des mélanges d'alcool absolu de 792 et d'eau, ces tables ne peuvent être utiles pour déterminer les quantités d'alcool pur que contiennent les eaux-de-vie : telles sont celles de M. Gilpin, secrétaire de l'Académie royale de Londres, insérées dans le *Dictionnaire de Chimie*, de l'anglais M. Ure, édition de 1822, M. Gilpin ayant employé pour alcool pur, l'alcool de 828, qui, suivant mes tables, contient onze parties d'eau sur cent d'alcool absolu, ces tables ne peuvent servir pour connaître l'alcool pur contenu dans les eaux-de-vie : Mais ce savant a accolé une colonne aux pesanteurs spécifiques de ses tables, où les différences de densité qu'occasionnent les différences de température, présentent toute l'exactitude de conformité avec les expériences que je commençai en 1812, qui me firent voir qu'un degré de Réaumur supposé de onze à dix augmente la densité d'une eau-de-vie d'un millième. Cet accord avec les expériences de M. Gilpin se voit par ce qui suit :

En prenant dans les tables de pesanteurs spécifiques de M. Gilpin deux nombres très-distants l'un de l'autre, comme par exemple 829 et 934 de pesanteur spécifique de deux eaux-de-vie, dont la température, égale dans les deux 50 de Fareineith, le premier nombre comme le second, ramené à 55 de température, qui est 10 de Réaumur, l'eau-de-vie 829 vient à 827, et l'eau-de-vie de 934 vient à 932, ainsi qu'on le voit dans lesdites tables. Cinq degrés du thermomètre de Fareineith donnent donc deux millièmes de pesanteur spécifique de différence : Or, si cinq degrés de Fareineith sont égaux à deux degrés de Réaumur, chaque degré de Réaumur doit donc produire un millième de différence dans la pesanteur spécifique des eaux-de-vie. Ceci est si clair, qu'il est inutile de s'étendre davantage pour démontrer que la méthode que je donne pour ramener les eaux-de-vie au tempéré légal, pourrait être regardée d'une exactitude mathématique, lorsque son grand mérite est d'employer ce moyen sans le calcul, qui est toujours obligatoire avec tous les pèse-liqueur connus. Le problême par le calcul très-possible mais très-difficile à résoudre avec exactitude, n'est point à la portée de la plupart des commerçants, qui ont des tables de logaritmes qui, sur ce point, sont très-erronnées.

On voit par cette dissertation que le moyen que j'ai trouvé par l'expérience, pour ramener les eaux-de-vie au tempéré légal, est infaillible, et cette découverte est d'autant plus flatteuse pour moi, qu'elle se trouve confirmée par les expériences du savant distingué M. Gilpin, secrétaire de l'Académie royale de Londres.

Malgré tous les avantages que présente ma méthode hydrométrique pour les peuples généralement, elle n'a pas été regardée comme orthodoxe par certains savants casuistes préposés pour juger les produits industriels scientifiques placés dans le temple national de l'exposition de 1844 : Leurs scrupules ont empêché de toucher, d'examiner, même de voir les instruments hydrométriques exposés, comme entachés d'hérésie, et vous savez, lecteur, le danger auquel s'expose celui qui ose approcher ou toucher à tout ce qui a encouru l'excommunication. Cela ne conduit à rien moins que d'être excommunié soi-même, *ipso facto*. On voit par là que la science à son orthodoxie comme la théologie. Mais comme mes casuistes se sont abstenus de hasarder une censure formelle, j'ai voulu voir si en présentant mon système hydrométrique à l'Académie des Siences, je pourrais obtenir un aveu quelconque. J'ai adressé à cette Académie un mémoire descriptif de tous les instruments hydrométriques avec la méthode. Ce mémoire a eu l'honneur d'être lu dans une des séances, et dans la même séance, on a chargé M. le baron Séguier d'examiner le système pour en faire un rapport. M. le baron, au bout de deux mois, n'ayant pas encore donné son opinion à l'Académie, je me suis décidé à lui écrire. Après quatre ou cinq lettres sans réponse, je me suis hasardé à lui faire quelques visites à son hôtel, pour avoir une audience; à la dix-neuvième incursion, une dame me demanda ce que je voulais? Parler à M. le baron, lui ai-je dit. Votre nom, s'il vous plaît, M. Lanier, pour vous obéir; mon nom est porté, on m'annonce que je puis entrer, j'entre. Après le salut respectueux, M. le baron ne me demande pas le motif de ma visite, il prend la parole, en me disant en peu de mots, Monsieur, *votre méthode a rapport au système métrique, l'Académie n'est pas compétente pour traiter un pareil sujet.* Cette sentence me parut sans réplique, sachant que M. le baron Séguier avait été président des jurés casuistes de l'exposition, j'ai pris congé de lui bien humblement, pensant intérieurement que sa sentence n'était qu'une délégation de l'oracle plénipotentiaire de la science auquel plusieurs savants de Paris sont subordonnés. Comme j'adresse au public impartial ce traité, j'espère un jugement équitable.

Le seul bien général m'a fait dire des vérités qui ont pu blesser certains amours-propres: c'est pour éclairer le public sur ses intérêts que j'ai employé ce moyen. On ne peut jamais mieux faire apprécier le mérite du bien qu'en mettant le mal en présence. Si l'humanité était impeccable, les hommes vertueux seraient inaperçus. Ainsi, que le Dieu éternel seul infaillible soit loué et adoré! Le plus puissant moyen qu'il nous a donné pour lui rendre cet hommage est de chercher à imiter sa bienfaisance; faire une censure profitable à toute l'humanité, n'est-ce pas chercher à imiter la bienfaisance divine?

En me résumant, je me dispense de rapporter certains détails sur les démarches que j'ai faites auprès d'une autre société savante après avoir été évincé par l'académicien M. le baron Séguier. Dans l'une comme dans l'autre société, on s'est abstenu de prononcer sur mon système hydrométrique. C'est alors que je me suis aperçu que l'oracle de la science, qui ne voit pas ma découverte avec plaisir, empêchait les autres savants de se prononcer. Désabusé sur les moyens que j'avais employés, je n'ai vu d'autre parti à prendre que de donner de la publicité à ma méthode hydrométrique, le public judicieux étant à l'abri de toute influence.

Dans les siècles éloignés de nous, les savants ne pouvaient guère garantir leurs lumières des éteignoirs; aujourd'hui, rien de plus facile, la vérité trouve toujours passage un peu moins ou un peu plus promptement. J'ai fait voir qu'on a mis une confiance aveugle dans la prétendue infaillibilité de l'auteur de l'alcoomètre; je fais voir que lui seul est l'auteur de l'arbitraire et des abus qu'a occasionnés cet instrument, abus dont il est parlé clairement dans les descriptions des instruments hydrométriques mis en comparaison avec l'alcoomètre.

Eh bien! j'ai cependant mis M. Gaylussac à même d'éviter tout scandale, j'ai voulu agir avec toute la réserve et toute la prudence en lui écrivant, et en lui faisant des propositions qui auraient amené l'adoption de l'hydrométrie sans aucun bruit. Il n'a pas daigné me répondre; alors l'utilité publique l'exigeant, je me suis vu obligé de mettre tout au grand jour, sans y être excité par aucun sentiment d'animosité, assurant, en toute vérité, que c'est avec regret que je me suis vu dans la nécessité de m'exprimer avec peu de ménagement sur un homme qui, par ses importantes découvertes, fait l'admiration de tous les savants du monde entier; mais, en définitive, je puis dire : de tous les hommes, il n'y a que l'Homme-Dieu infaillible, le divin Christ, et M. Gaylussac, tout célèbre qu'il est, ne peut démentir cette vérité.

A l'Académie, un savant distingué lui a démontré qu'il n'était pas infaillible.

A la chambre des pairs, dans la discussion sur la falsification des vins, un membre lui a fait voir qu'il était très-faillible.

Son infaillibilité ne paraît nullement dans son alcoomètre invérifiable;

Et en s'opposant à l'adoption de l'hydromètre métrique et vérifiable, il ne donne pas la preuve d'infaillibilité. C'est au public impartial à en juger.

Si, par les résistances que j'ai rencontrées de la part de certains personnages qui voient ma découverte avec déplaisir, je me suis laissé entraîner à des dissertations polémiques, ce n'a été que pour instruire le public, qui, je crois, ne m'en saura pas mauvais gré.

RÉSUMÉ.

L'avantage inappréciable que présente l'usage des hydromètres métriques et vérifiables, se démontre par la commodité et la facilité avec lesquelles toutes les opérations hydrométriques peuvent se faire sans calcul, par conséquent, elles sont à la portée des hommes les moins instruits, et pour ceux qui ont besoin de connaître l'alcool absolu contenu dans les pièces d'eau-de-vie, la simple table d'une page, insérée dans ce traité, suffit, sans que les fractions du millilitre, qui y sont négligées, puissent occasionner une erreur au plus de un à deux décilitres par tonneau de deux cent trente à deux cent quarante litres, lorsque deux à trois degrés en faux qu'on rencontre habituellement sur les alcoomètres invérifiables du commerce produisent jusqu'à six à sept litres d'erreur par tonneau d'eau-de-vie. (Un procès, l'année dernière, sur un parti d'eau-de-vie important, par la discordance des alcoomètres des contractants, n'a pu être décidé au tribunal de commerce de la ville d'Orléans; avec l'hydromètre métrique et vérifiable, il eût été décidé sur-le-champ.) Ce procès, qui a duré très-longtemps, a occasionné des frais considérables: des instruments vérifiables, comme tous les poids et mesures métriques, feraient disparaître d'aussi énormes abus.

Dans la méthode hydrométrique que je présente au public, je me suis attaché à donner les moyens les plus simples et les plus évidents pour obtenir l'exacte appréciation des eaux-de-vie, sans que le commerçant soit obligé aux calculs que nécessite l'usage de tous les instruments usités jusqu'alors. Tout homme sans passion, impartial et désireux du progrès, concevra l'importance de ma découverte. On voit, par ma méthode que, par des hydromètres garantis pour l'exactitude, le commerce des eaux-de-vie peut se faire avec toute la sécurité désirable dans les transactions, en même temps qu'elle donne la connaissance des droits qu'on est à même de régler soi-même avant de les acquitter, en se délivrant de l'arbitraire qu'a toujours occasionné l'usage d'instruments invérifiables.

Monsieur le ministre de l'agriculture et du commerce, par la lettre dont il m'a honoré, m'invitait à porter à son ministère mes instruments hydrométriques, pour être soumis à l'examen du comité consultatif; mais M. Gaylussac devant présider ce comité, et m'ayant donné des preuves qu'il voyait avec peine la découverte d'un instrument qui annule son alcoomètre; je me suis refusé à présenter mes instruments hydrométriques, bien pénétré que M. Gaylussac se servirait de sa puissante influence pour détourner le gouvernement de prendre l'hydrométrie en considération; dans ce cas, intimement persuadé que la méthode hydrométrique, basée sur les principes de la nature, est destinée à prendre tôt ou tard une grande extension parmi toutes les nations, et à produire des grands bienfaits à la société, j'ai pris le parti de publier ma découverte, assuré que, malgré toutes les résistances qu'on cherchera à lui opposer, on sera obligé d'en venir à son adoption. Qui vivra verra l'accomplissement de cette prophétie; les travaux entrepris et continués avec persévérance, depuis près de quarante ans, dans l'intérêt de la science ne peuvent pas être perdus et enterrés. Les nombreuses années que j'ai employées dans mes recherches et mes méditations me donnent la prétention de croire qu'il n'y aura rien à ajouter à ma méthode hydrométrique.

En espérant l'accueil du public judicieux, impartial et naturellement à l'abri de toute influence contraire aux progrès, j'annonce que que je vais commencer une fabrication d'hydromètres que je garantirai exacts et comparatifs, à tel point que, par tous les pays où ils seront répandus, ils auront la même identité et la même uniformité que le mètre, le kilogramme et le litre, d'où ils dérivent. Dans quelques mois, je pourrai probablement être en mesure de satisfaire le public, qui sera avisé par les journaux qui enseigneront les dépôts où se trouveront les hydromètres vérifiables métriques, qui tous, avec la même exactitude, n'auront aucunes des marques de doubles zéro de zéros simples et des autres marques qui établissent les prix différents et proportionnels des alcoomètres. L'uniformité d'exactitude et du prix modéré des hydromètres, sera toujours constamment la même. Ceux qui, parmi les commerçants d'eau-de-vie, désireront jouir des premiers produits de la fabrication, pourront se faire inscrire chez M. Lanier-Neveu, rue du Haut-Moulin, 8, au 2e étage, proche le grand magasin de la Belle-Jardinière, à l'entrée de la rue de la Cité, à Paris.

Par toutes les instructions que le commerçant d'eau-de-vie est à même de prendre dans ce traité de l'hydrométrie, par l'usage de l'hydromètre, qui présente les mêmes garanties d'exactitude des poids et mesures métriques, dont il fait partie, il pourra fixer les droits qu'il a à payer, en récusant l'alcoomètre comme un instrument faux, qui ne peut prêter qu'à l'arbitraire, puisqu'il est invérifiable et en contradiction avec la loi qui a consacré l'usage exclusif des poids et mesures métriques. Ni M. Gaylussac, ni aucun pouvoir ne peut s'opposer à l'adoption, par le commerce, de l'hydromètre métrique et vérifiable, sans modèle ni étalon. M. Gaylussac a eu assez d'influence pour faire passer une loi abusive sur son alcoomètre insignifiant et vicieux; mais toute loi abusive tombe d'elle-même. L'hydromètre, qui remplit toutes les conditions voulues par le législateur, pourrait être consacré par une loi qui compléterait l'immortel système métrique, mais la société n'en a pas besoin pour adopter une méthode dont elle sent les avantages et l'utilité, par les garanties qu'elle lui donne contre l'arbitraire et la mauvaise foi. Les découvertes et les inventions utiles répandent des bienfaits dans la société, sans l'intervention de la loi. L'homme a pu faire usage de la balance avant la loi et sans son intervention ; mais, lorsque la perversité et la cupidité ont conduit certains hommes à faire usage de fausses balances, la loi a dû intervenir, et a obligé de soumettre toutes les balances des commerçants, ainsi que les poids et mesures, à une vérification légale, afin de prévenir la mauvaise foi. La loi sur l'alcoomètre étant impuissante pour réprimer les abus de mauvaise foi qu'occasionne cet instrument invérifiable, est une loi abusive, et elle doit disparaître du Code. Les trois à quatre degrés d'erreur que j'ai signalés sur une grande quantité d'alcoomètres produisant, sur un tonneau, une différence de six à sept litres d'alcool absolu, montrent le danger de l'usage d'un tel instrument invérifiable. Dans le cas où la loi ne consacrerait pas l'usage de l'hydromètre métrique, une ordonnance royale devrait au moins les faire soumettre à une vérification légale, la société a le droit de la réclamer ; car les hydromètres sont destinés à apprécier un des plus précieux produits de la France. Le gouvernement français ne doit pas être indifférent sur un produit aussi important pour son agriculture et son commerce. En définitive, comme je n'ai pas l'influence de M. Gaylussac auprès du gouvernement, et que, d'un autre côté, aucun pouvoir ne peut s'opposer à l'émission de mes instruments hydrométriques, je vais en commencer une fabrication ; si mes hydromètres ne sont pas soumis à une vérification légale, leur vérification, comme je le dis plus haut, si facile à faire, par le premier individu, sera toujours une garantie pour le commerce, dans les transactions. Le système hydrométrique, comme on le voit, peut donc prendre de l'extension sans le concours du gouvernement. Dans ce cas, il est utile que j'annonce aux commerçants que tous les hydromètres qui sortiront de ma fabrique porteront mon nom, qu'ils seront garantis exacts, tous uniformes et comparatifs.

L'uniformité et l'exactitude des hydromètres métriques et vérifiables en assure l'usage par toutes les nations. La méthode hydrométrique ne parle pas un idiome particulier pour la France, son idiome est familier à tous les savants du globe et à la portée de tous les peuples, parce que les principes sur lesquels sont basés les hydromètres sont pris dans la nature, en exprimant les pesanteurs spécifiques qui sont dans le domaine de la science chez toutes les nations. L'hydromètre est destiné à devenir un instrument cosmopolite.

Nota. — Si dans les transports des eaux-de-vie à l'étranger elles gagnent en qualité, elles perdent en force jusqu'à dix millièmes de l'hydromètre. Alors le commettant étranger qui fait en France une demande d'eau-de-vie de preuve de 930, mélange de moitié alcool pur et moitié eau ; elle doit être expédiée à 920 de l'hydromètre, pour arriver, à sa destination, à 930 ; si elle est demandée à d'autres degrés plus élevés, on suit les mêmes proportions dans les expéditions. A moins d'avarie constatée, le conducteur est responsable de toute autre altération que le commettant reconnaîtrait par l'hydromètre.

FIN.

NANTES. — IMPRIMERIE D'HÉRAULT, RUE DE GUÉRANDE, 3.

www.ingramcontent.com/pod-product-compliance
Ingram Content Group UK Ltd.
Pitfield, Milton Keynes, MK11 3LW, UK
UKHW032002260826
14628UKWH00005B/2222

9 782019 973636